민병도 시조집

목언예

칼의 노래

지은이 · 민병도
펴낸이 · 민병도
펴낸곳 · 목언예원

초판 인쇄 : 2014년 10월 3일
초판 발행 : 2014년 10월 9일

목언예원
출판등록 : 2003년 2월 28일 제8호
경북 청도군 금천면 선바위길 53 (신지2리 390-2)
전화 : 054-371-3544 (팩스겸용)
E-mail : mbdo@daum.net

ISBN 978-89-94733-21-0 03810

저자와의 협의에 의해 인지를 생략합니다.

가격 : 10,000원

민병도 시조집

목언예

■ 시인의 말

 내 한 때 〈木言藝苑〉이란 이름의 작업실을 고향에 마련하면서 "나무 뒤에 숨어서 '나무의 말'을 전하겠다"는 터무니없는 꿈에 마냥 설레었던 적이 있었다.

 가까이 다가서면 설수록 낯설던 시대의 속살이며 하나의 부속품일 뿐이라고 세뇌시키는 이념적 사회질서 앞에 질린 내 영혼에게 식물성 언어만이 처방이라고 생각했었던 지도 모르겠다.

 풀에 묻히고 나무에 기대기를 15년, 하지만 나의 언어는 지금껏 풀 향기를 얻지 못했다. 無爲에 정좌하지 못하고 '칼의 노래'에 마음을 베이고 있으니 말이다.

 니무의 마음을 읽을 수 있도록 눈을 좀 더 낮춰야겠다.

2014년 10월 9일

민병도

CONTENTS

칼의 노래

PART 00 | **시인의 말** · 05

PART 01 | **광장에서** · 11

    001 은하수 · 13

    002 참꽃 · 14

    003 검결劍訣 · 15

    004 홍매 · 16

    005 나목의 말 · 17

    006 너무 늦기 전에 · 18

    007 이호우 · 19

    008 광장에서 · 20

    009 신선암 마애불 · 21

    010 이상화 고택 · 22

    011 면암勉庵, 도끼를 지다 · 23

    012 면암 유소勉菴遺疏 · 24

    013 빈들에서 · 25

    014 어떤 증언 · 26

    015 청도읍성 밟기 · 27

    016 갈수록 그 산 더 높고 · 28

— 민병도 시집

PART 02 | **먹을 갈다보면** · 29

　001 소를 찾아서 · 31

　002 먹을 갈다보면 · 32

　003 운주사 와불 · 33

　004 번개 · 34

　005 화살 2 · 35

　006 착각 · 36

　007 니르바나 · 37

　008 개밥그릇 · 38

　009 파편 · 39

　010 봄비 · 40

　011 시간의 집 · 41

　012 종소리 법문 · 42

　013 줄 · 43

　014 한때, 꽃 · 44

　015 홀로 가는 길 · 45

　016 그릇 · 46

　017 숲을 보고 산을 말한 적 있다 · 47

　018 풍선 · 48

PART 03 | **두물머리** · 49

　001　어떤 스냅 · 51

　002　겨울나무 · 52

　003　미루나무 · 53

　004　두물머리 · 54

　005　홍련 · 55

　006　겨울 산행 · 56

　007　풍경소리 · 57

　008　달팽이 · 58

　009　개나리 · 59

　010　안개 · 60

　011　칠불암 가는 길 · 61

　012　별똥별 · 62

　013　파도 · 63

　014　청개구리 · 64

　015　갈대의 노래 · 65

　016　처서處暑 일기 · 66

PART 04 | 성냥 · 67

001 성냥 · 69

002 건반 · 70

003 사전 · 71

004 지렁이 · 72

005 어떤 통화 · 73

006 막간 · 74

007 딱지 · 75

008 폐선 · 2 · 76

009 브레이크 · 77

010 저녁 숲 읽기 · 78

011 지우개 · 79

012 과감果敢 · 80

013 불면不眠 · 81

014 비 · 82

015 화개花開 · 1 · 83

016 화개花開 · 2 · 84

PART 05 | **자서전을 읽다** · 85

    001 소나무 · 87

    002 봄 밤 · 88

    003 풀잎으로 서노라면 · 89

    004 뻐꾹새 · 90

    005 제사 · 91

    006 호미 · 92

    007 빈 집 · 93

    008 라면 한 끼 · 94

    009 간판 · 95

    010 사투리 · 96

    011 지폐 · 97

    012 저물녘 · 98

    013 도둑 · 99

    014 들꽃 · 100

    015 어머니와 광주리 · 101

    016 자서전을 읽다 · 102

PART 06 | **작품해설** · 103

PART 07 | **민병도 연보** · 139

광장에서

은하수
참꽃
검결劍訣
홍매
나목의 말
너무 늦기 전에
이호우
광장에서
신선암 마애불
이상화 고택
면암勉庵, 도끼를 지다
면암 유소勉菴遺疏
빈들에서
어떤 증언
청도읍성 밟기
갈수록 그 산 더 높고

1

은하수

북만주
홀로 갇힌
마른 울음
들리는 밤

신발을 벗어들고
새벽하늘 걷노라면

대꽃 핀
마을로 갔나
뼈가 허연
발자국…

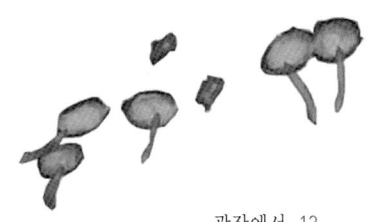

참꽃

형 대신
징용 갔을
그 산길에
곱던 참꽃

올해도
어김없이
절며 오네
혈서처럼

남아서
부끄러운 사람,
한 명 한 명
안부를 묻네

검결劍訣*

녹두새가 울다 떠난 필사본 유사遺詞* 끝에
피 묻은 발자국을 남겨두고 떠나온 밤
숨어서 차라리 환한 칼의 노래 부른다

서풍 불면 꽃이 핀다 감히 누가 말 하는가
하늘이 기다리나 사람에 짓밟힌 꿈,
역천의 누명에 버려 벼린 칼을 잡는다

사라져간 이름 불러 '시호시호'* 울먹이다
허공에 휙, 치솟아 객귀客鬼의 목을 치면
달빛도 제 혀 깨물어 하얀 피가 낭사하다

세상은 일체 정적, 숨소리도 끊어진 뒤
벗어둔 옷을 입듯 산허리가 드러나고
발 부은 새벽물소리 그예 길을 떠난다

*검결劍訣 : 동학의 창시자 수운 최제우가 지은 용담유사龍潭遺詞
 의 마지막에 나오는 가사로 일명 '칼 노래'라고도 한다.
*유사遺詞 : 용담유사龍潭遺詞
*시호시호 : 용담유사의 한 구절

홍매

또 누구 한 사람
총상을 입었는지

달빛도 늙은 가지에
턱을 괴고 앉았는데

총총히
떠난 하늘 길에
낭자한
저 핏자국

나목의 말

왜 떠나지 못했냐고
따지어 묻지 마라

난들 왜 삭은 뼈로
서있고 싶었겠느냐

맨발로
학도병 보낸
막내를 기다리느니

너무 늦기 전에
-부르지 못한 통일 노래

보는가, 저문 들녘 꽃의 춤을 보는가
드센 바람 앞에 몸과 몸을 섞은 채
서로가 손을 내밀어 두려움도 힘이 되는

저렇듯 어둠 앞에서 그 어둠에 입맞추며
베인 가슴마다 화인火印처럼 달이 떠도
한사코 등을 돌려온, 내 모국어 사는 땅

나를 태우지 않고 어찌 너를 밝히랴
너무 늦기 전에 상처 남은 손을 잡고
꽃잎이 흐르는 강에 함께 별을 띄우자

이호우

낙동강 빈 나루의 달빛*한 섬 실어와서
밟힐수록 꼿꼿한 이웃들을 달래놓고
때늦은 꽃샘바람에 돌아서서 울었다.

빼앗긴 지도 위에 아침은 늘 빈손으로 와
허기지고 외딴길, 핏자국이 선명해도
퍼렇게 협기俠氣를 닦아 댓잎처럼 서걱였다.

그리움을 숨기려고 피는 꽃을 꾸짖으랴
빈혈기의 햇살 한 올 펜 끝에 끌어내어
꺾여도 시들지 않는 들꽃으로 피었다.

*이호우 시조 「달밤」

광장에서

구급차를 따라가며 또 하루가 저물고
시간이 멈춰버린 시계탑에 눈이 내린다
아마도 짓밟힌 꽃잎을 덮어주려나 보다.

하나 둘 모여드는 얼굴 없는 군중 사이
바람은 돌아와서 제 과거를 닦는지
찢겨진 현수막 앞에 공손히 엎드린다.

"광장을 닫으려면 자유도 함께 닫아라"
누구도 소리 질러 외치지 못했지만
허공을 떠돌고 있는 뜨거운 목소리들.

그 누가 침묵 더러 가장 큰 소리라 했나
하나 되기 위하여 건네주는 촛불 속에
밟아도 밟히지 않는 발자국이 보인다.

신선암 마애불

누가 저 벼랑 끝에
부처를 불러냈나

떨어지는 싸리꽃에
가부좌 얼른 풀고

한 발을
구름에 올려
탁발을 보내는가

이상화 고택

약전골목 뒤로하고
사투리를 따라가면

대낮에도 문이 잠긴
빈집 한 채 만나리라

주인은
빼앗긴 들에 나가고
낮달만이 집을 보는

면암勉庵, 도끼를 지다

깨울수록 밤이 깊은 광화문 앞마당에
주인 따라 절을 하는 날 푸른 도끼 하나
바람도 제 발로 와서 목을 자꾸 베였다

싸락눈 싸락싸락, 저린 발을 감싸지만
목숨 대신 펼쳐놓은 상소문*이 젖을까봐
올 성긴 도포자락에 얼른 품어 안는다

이제 먼동 트면 오랑캐를 몰아내고
내 뜨거운 피를 뿌린 조선의 흙이 되리라
끊어져 되돌아오는 맥박을 꽉, 잡는다

*1876년 2월 조선과 일본은 병자수호조약 또는 강화도조약이라 일컫는 〈조일수호조규朝日修好條規〉을 체결하였다. 이 때 최익현은 도끼를 지고 광화문 앞에 나아가 〈병자지부소丙子持斧疏〉를 올려 목숨을 건 반대를 전개하다가 끝내 흑산도에 유배되었다.

면암 유소 勉菴遺疏

거친 물결 박차고 해는 붉게 치솟는데
노신老臣은 부끄럽게 도적에게 포박 당해
칼로는 이기지 못한 붓을 높이 듭니다.

장부의 이름으로 하나 남은 목숨이지만
적賊이 주는 물 한 모금 차마 마실 수 없어
무릎을 꿇지 않는 길, 달게 가려 합니다.

가서 먼 훗날 제 물음에 답하기 위해
밟아도 밟히지 않고 베어도 베이지 않는
민초의 저 푸른 결기 먹물로나 남깁니다.

왕이시여 깨어나소서, 귀 잘린 형제를 두고
소금마저 뿌려져 어육魚肉이 된 이웃을 두고
뻔뻔히 혼자 떠나는 이 죄인을 벌하소서.

*면암 유소勉菴遺疏 : 면암 최익현이 일제에 의해 대마도에 구금 중 식음을 전폐하고 스스로 죽음을 맞으며 임금께 보낸 상소문.

빈들에서

화려한 꽃의 시간 일제히 반납하고
죽어, 스스로 죽어 마침내 향기로 남은
마른 풀 마른 몸짓에 가슴 베인 빈 들판

퇴로를 차단당한 바람의 손을 묶어
절룩절룩 길 하나가 강가에서 돌아오면
단역도 분수에 넘쳐 불이 붙는 저녁놀

씨앗들을 감추느라 서로 다른 피를 섬긴
이름 모를 푸수풀, 엇박자의 노래 위로
나직이 굴뚝새 날아 완성하는 수묵화

어떤 증언
-비석

청도 화양 읍성 앞에 30기의 비석이 있다
지체 높은 관찰사와 군수에다 찰방까지
제각기 돌이끼 입고 위세가 등등하다

어떤 것은 몇 십 년 뒤 백성들이 세우고
어떤 것은 관리들이 떠나는 정을 새겨서
저마다 삐딱할망정 부끄럽지 않았다

아뿔싸 그 가운데는 고개 숙인 것도 여럿
재임 중에 세운 것은 그나마 선심이고
오던 해 비석부터 세워 욕이 날로 환하다

청도읍성 밟기

해가 뜨는 오산 자락 일찍이 성을 쌓아
복사꽃보다 맘씨 고운 사람들이 살아온 땅,
어쩌면 꿈에 그리던 보금자리 아니던가

누가 이 철옹성을 함부로 넘어오리
지아비는 창을 들고 지어미는 돌을 날라
꽃피는 금수강산을 내 품처럼 지켰느니

너와 내가 아니면 누가 있어 지켜내랴
한 바퀴에 건강 빌고 두 바퀴에 장수 빌어
마지막 한 바퀴 돌아 소원성취 하는구나

오늘 다시 돌을 이고 머리에 돌을 이고
어머니가 그랬듯이 신발 고쳐 밟는 뜻은
누구도 범하지 못할 내 고향 사랑일레

갈수록 그 산 더 높고
-모산 심재완 선생 1주기에 부쳐

붓도 놓고 책도 덮고 떠나신 지 하마 일년,
아무데도 없으면서 어디에나 계시어서
지금도 그 환한 목소리 쟁쟁하게 들립니다.

어느 산이 높기로 그 학문에 비할 것이며
어느 바다가 넓기로 그 인품을 견주리오
갈수록 그 산 더 높고 바다 더욱 깊습니다.

노계蘆溪며 면앙정勉仰亭의 시조 즐겨 읊으시더니
꽃 피고 새가 우는 청풍명월 다 거느리고
마침내 삼라만상의 주인이 되셨습니다.

길이 끝난 곳에서도 길은 다시 시작되듯이
우리가 주저앉아 사무칠 그 때마다
바람에 꺼지지 않는 등불 밝혀 주옵소서.

먹을 갈다보면

소를 찾아서
먹을 갈다보면
운주사 와불
번개
화살 2
착각
니르바나
개밥그릇
파편
봄비
시간의 집
종소리 법문
줄
한때, 꽃
홀로 가는 길
그릇
숲을 보고 산을 말한 적 있다
풍선

소를 찾아서

길 잃은 흙바람이 원경으로 앉는 하오
기다림에 발이 저린 싸락눈을 불러오면
빈 들을 가로 질러서 소를 찾아 나선다

줄 끊어진 가얏고의 줄 끊어진 울음처럼
조바심을 무장 풀어 떠도는 워낭소리
희미한 발자국 몇 개 마른 풀에 숨는다

언 땅에 납작 엎드린 늙은 소의 눈망울,
의심은 또 여러 개의 칼을 쥐고 나타나서
피비린 붉은 노을을 이불처럼 덮는다

고삐를 잡았다고 어찌 다 하나이랴
날개 다친 새들이 사라져간 쪽으로
내 잠시 흔들리다가 발걸음을 돌린다

먹을 갈다보면

먹을 갈다보면 시간이 온 길이 보인다
아무런 의심 없이 몸을 섞는 물의 뒤태,
눈물에 발목이 잠긴 발자국도 보인다

창보다 예리하고 칼보다 날카롭게
붓끝을 기다리는 조선의 맑은 숨결,
민초의 잠든 새벽을 소리 없이 깨운다

아직은 볼 수 없고 보이지 않는 경계,
모습도 색도 버리고 가만히 엎드리지만
어찌나 눈이 부신지 묵죽墨竹 저리 환하다

먹을 갈다보면 시간이 갈 길도 보인다
누구나 걸어가되 아무나 갈 수 없는,
함부로 맞설 수 없어 신발 벗고 가는 길

운주사 와불

사람들이 왜 자꾸만 거리에서 드러눕는지
천년의 파업 앞에 공손히 무릎 꿇는,
운주사 와불 앞에서 고개 잠시 끄덕이네

아무 말 하지 않고 드러눕는다는 것이
그저 누운 채 일어나지 않는다는 것이
얼마나 놀라운 힘인지 왜 여태 몰랐을까

고작 순한 소리 앞에 큰 귀를 활짝 열어
진실로 큰 물음은 대답이 없는 거라며
정釘 소리 뒤따라가며 돌꽃이나 피울 그 뿐

비 오면 비에 젖어 하나도 젖지 않고
바람에 살을 흩는 침묵에도 고개 숙이네
세상을 등지고 누운, 눈물겨운 저 능청

번개

내 정녕 눈이 멀어

눈뜨고 눈이 멀어

애타는 그대 마음

짐작하지 못했구나

제 가슴

불칼로 긋는

짧은 자학,

긴 침묵

화살 2

몰랐네,
그대 이미
붙잡을 수
없다는 것을

되갚아줄 복수도
원한도 없으면서

팽팽한
시위를 당겨
돌진하는
붉은 적의敵意

착각

사람들은 저마다 저만 저울이라 한다
산과 들, 지는 꽃잎에 달빛마저 요량하며
서로가 마음에 숨긴 속셈마저 미루어 잰다

사람들은 모두 저가 추인 줄을 모른다
몰래 훔친 이름하며 위선의 무게마저
알뜰히 제하고 남은 눈금인 줄 모른다

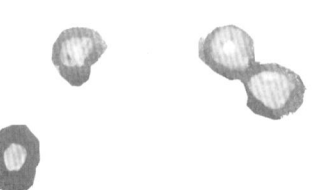

니르바나
-북어

남해 파도 닦아내고
끼니 따윈 잊은 지 오래

보고도 아니 본 척
들어도 못들은 척

지나 와
되돌아보는
삶이 놓친
긴
느낌표

개밥그릇

먹다 남은 찌꺼기에
쇠파리떼 득실대도

개의 붉은 혓바닥,
공손히
핥아먹는다

내 생애
전부 녹여도
만들 수 없는 그릇

파편

탁, 깨진 잔을 주워
아귀를 맞춰본다

이미 부질없는
궁리 끝에 오는 실소失笑,

어쩌면
나 또한 파편,
맞출수록
물이 새는…

봄비

말문마저
닫아버린
2월의
잘린 허리

서로가
돌아누운
그리움과
강물 사이

아껴둔
은침을 놓아
매화꽃을
깨우는
이

시간의 집

언제나 지나간 뒤에 잔해로나 만나는,

검은 복면을 두른 무협지 속 자객이었다

아무리 미행을 해도 알 수 없는 너의 주소

종소리 법문

억울해 하지 마라 어찌 너만 아프랴
시간의 덫에 걸린 세상 모든 상처를 위해
온 몸을 둥글게 깎아 새벽길을 떠나마

말하라, 두 손잡고 근심의 씨눈까지
달처럼 새살 돋아 썩지 않는 슬픔이며
노숙의 깡통에 남은 가늠 못할 온기를

절망에 기대지 않은 삶이 어디 있으랴
바람이 바람을 찢어 제 살의를 발라내듯
마음의 붕대를 풀고 꽃의 시간, 돌려주마

줄

우리 집 늙은 개는
일 년 내내 묶여 산다

이따금 풀어줘도
이내 제자리로 가

스스로
줄 없는 줄에
공손하게 묶인다

한때, 꽃

네가 시드는 건
네 잘못이 아니다

아파하지 말아라
시드니까 꽃이다

누군들
살아 한때 꽃,
아닌 적 있었던가

홀로 가는 길

모두가 들로 갈 때
산으로 가는 이 있네

축배를 마다하고
돌아서서 만리장천,

단 한번
지도를 나와
꽃가마로
가는 길.

그릇

둥근 찻잔 속에
둥근 달빛 고이듯

꽃 털고 우는 바람,
필시 저 또한 사랑

언제나 저를 버려서
나를 가득 채우는,

숲을 보고 산을 말한 적 있다

곱게 입은 옷을 보고 아름답다 말해버리듯

흐르는 물을 보고 강이라 말해버리듯

빽빽한
숲을 보면서
산이라
말한 적 있다

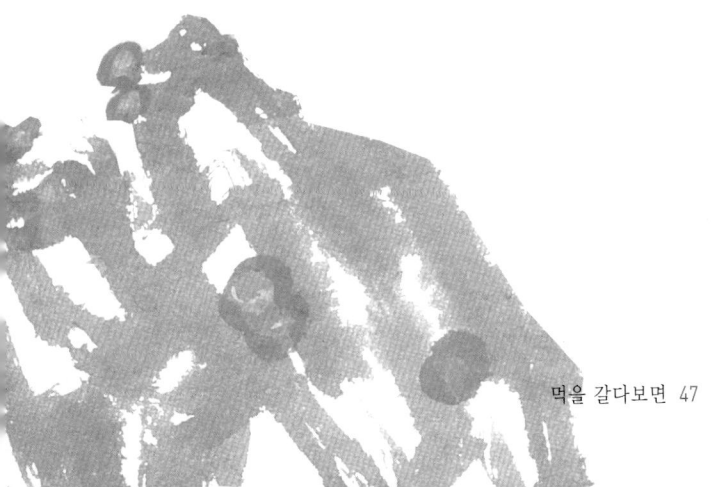

풍선

무지개의 손을 잡고
그리움이 떠나간 날

하늘 높이 날아가는
빨간 풍선 하나

또 누가
놓쳐버렸나
숨겨온
첫사랑을…

두물머리

어떤 스냅
겨울나무
미루나무
두물머리
홍련
겨울 산행
풍경소리
달팽이
개나리
안개
칠불암 가는 길
별똥별
파도
청개구리
갈대의 노래
처서處暑 일기

어떤 스냅

자벌레를 따라가다
빨랫줄에 딱, 걸렸네

몸을 던져 헤아려도
아득한 생의 엇길

달빛도
속옷을 벗은,
고요만이
환한 밤

겨울나무

가진 것이 없어도
가난이 아니란 걸

빈들에 홀로 서있는
겨울나무를 보면 안다

한 번도
부끄러운 적 없는
그 빈손을
보면 안다

미루나무

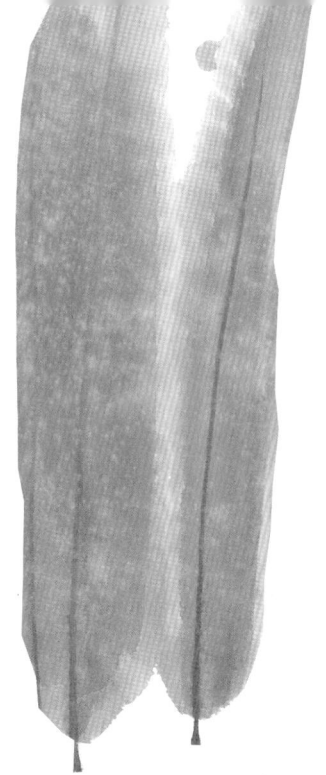

가을을 이기지 못해

강가로 나온 날은

바람에 몸을 빼앗긴

미루나무를 보아라

원수를

사랑하는 일,

왜 저리 눈부신지

두물머리

푸른 물과 붉은 물이
서로 덥석 손을 잡네

어디서 왔는지도,
가는지도 묻지 않네

사랑이
비루한 과거를
온 몸으로 껴안듯이

홍련

등 돌리지 말아요
눈물이 다 보여요

다가서면 설수록
바람만이 뒤채는 길,

가만히
등을 밝히고
그리움을
태워요

겨울 산행

가을을 보내려다 기다림도 함께 보내고
침묵에 속내를 감춘 겨울 산을 오른다
갈수록 숨차 오르는 지난날도 작별이다

낮달은 잃어버린 그리움의 낡은 신발,
누군가 버리고 간 초콜릿 빈껍데기에
혀 잘린 바람을 불러 터진 끈을 묶는다

붉은 꽃이 머물었던 앙상한 지도 위로
지고 간 질문 하나 꺼내 놓기도 전에
읽다 만 밀경密經을 덮나 싸락눈이 내린다

풍경소리

세상에 두고 온 일이
무에 그리 궁금한지

장삼 벗어 던져두고
산문을 몰래 나가는,

가다간
신발도 벗어
냇물마저 건너는,

달팽이

제 몸 하나 겨우 들어갈
집을 지고 다니는

달팽이는 옛날옛적
집 도둑을 맞았나봐

아빠도
따로 집 한 채
엄마도
따로 집 한 채

개나리

바람이 겨드랑이에
시린 손을 넣었나봐

늦잠 깬 개나리꽃
웃음보가 터진다

깔깔깔
웃다가 지쳐
목젖마저 노랗다.

안개

새벽부터 스멀스멀 안개가 숲을 먹는다
오래 굶은 짐승처럼 산을 통째 먹는다
길 없는 길을 걸어와 마을마저 삼킨다

하지만 삼키지 못한 맑은 물소리 앞에
함부로 빼앗은 들과 길을 도로 뱉어놓고
깃발도 꽂지 못한 채 점령지를 철수한다

칠불암 가는 길

세상의 경전들이
다 놓친 법문이었다

칠불암 가다말고
사로잡힌 산물소리

친견은
또 다른 미망迷妄,
하산 길을 서둔다

별똥별

어둠 너머 천길 저쪽
또 누가 몸을 던지나

함부로 몸을 던져
새처럼 나래 펴나

달빛에 매화꽃 터져
바람마저 삼가는 밤

파도

천 번의 보채임도
잠꼬대로 들었나봐

한번쯤 돌아볼까
애간장이 다 녹아도

날마다
이를 깨물어
피가 하얀
짝사랑

청개구리

개굴,
　　　개굴개굴, 개굴
청개구리가 운다

달빛을
채칼로 썰어
연잎 위에
뿌려두고

긴 편지
꺼내 읽나봐
여름밤이 환하다

갈대의 노래

스스로
와서 베이는
가을바람 달래느라

자꾸만 야위어가는
그리움의
아랫도리

달빛에
건져 올려서
울음 스걱,
삼킨다

처서處暑 일기

울먹울먹 돌아보는 소나기를 배웅하고
딸꾹질만 홀로 남은 빈 집으로 돌아오면
적막의 잔뼈를 발라 탑을 쌓는 귀뚜라미

속내를 감추려고 등 뒤로 달은 와서
기다림에 목이 야윈 구절초를 흔들지만
강물은 깨금발 딛고 울음 꿀꺽 삼킨다

그렇지, 지나보면 길 아닌 적 있었던가
셈할수록 적자 깊은 가계부를 덮어두고
어느 먼 섬에 두고 온 별을 꺼내 읽는다

성냥

성냥
건반
사전
지렁이
어떤 통화
막간
딱지
폐선 · 2
브레이크
저녁 숲 읽기
지우개
과감果敢
불면不眠
비
화개花開 · 1
화개花開 · 2

성냥

느닷없는 너의 탈옥, 슬프도록 화려하다
벽 속에서 길을 찾은 은둔의 성자였나
뜨거운 가슴 달래며 기다려온 한 순간

죽어서 살 바에는 차라리 분신焚身이다
머리를 힘껏 부딪쳐 부우욱! 돌진하면
분노는 꽃같이 타고 허연 재로 남는 생애

격리된 하루하루 꼿꼿이 섬기려던
맨 처음의 다짐들은 흩어지는 연기였나
단 한번 탈옥으로도 눈이 부신 열반이다

건반

그대 손이 닿기까지 나는 다만 하얀 침묵,
수줍게 다가오는 낯선 그대 손길마다
피보다 더 붉은 꽃을 한 잎 한 잎 피운다

미각을 되찾아낸 바람의 혀끝 따라
나뭇잎이 흔들리고 강물이 출렁인다
제 몸을 잠근 하늘도 꽈르릉, 문을 연다

혼미한 나의 영혼, 제자리로 되돌아가
그대 방금 가르쳐준 울음 안에 갇힐 테지
저 달빛 눈부신 고요, 온몸 가득 안고서

사전

온 세상을 통째 삼킬 비법이 다 모였다
꽃이며 경전이며 무기에 이르기까지
서로가 등을 돌린 채 모가지가 꼿꼿하다

와인을 담는 법과 달나라에 가는 법,
이웃 나라 허술한 성벽까지 알면서도
자신은 감옥에 갇힌 포로인 줄 모른 채

가끔씩 불려나가 질문에 대답하는
우리는 너나없이 크고 작은 사전이다
온 세상 홀씨 날리는 민들레의 꿈처럼

지렁이

생애 단 하루라도 하늘을 섬기리라
비 그친 길바닥을 기어가던 지렁이,
가던 길 저만치 물리고 햇살 울컥, 토한다

제초제에 거친 삽질, 두려움이 크다지만
살이 타고 혀가 마른 저 먼 길 혼자 나설까
풀벌레 질긴 울음은 누가 남아 닦으라고

꿈틀대면 댈수록 슬픔도 함께 삭는지
마침내 제가 온 길 바람에 버린 저녁
별 하나 제 옷을 벗어 식은 배를 덮는다

어떤 통화

어둑어둑 날이 저문
운문사 공중전화

볼이 젖은 어린 스님
한 시간째 통화중이다

등 뒤엔
엿듣고 있던
별 하나가 글썽글썽

막간

막 내린 무대에는 조바심만 환하다
펼치다 만 나래 접고 주저앉은 사람아
아직은 뜨거운 가슴 외면할 때 아니다

설 부푼 생각들로 꽃 피우던 오색 화원,
비린 바람에도 흔들리는 향기 있어
무지개, 일곱 빛깔의 부신 꿈을 기억하라

죽음마저 품에 안던 꽃의 마음 잊었는가
화살처럼 와서 꽂힌 눈빛들의 간절함과
한사코 칼을 버리고 건네주던 그 촛불을

새벽이 가까우면 어둠은 또 깊어져
엇나간 믿음 앞에 잡은 손을 놓쳤지만
지금은 불 꺼진 막간, 꽃의 시간이 아니다

딱지

사랑이 할퀴고 간
흔적은 선명하다

드러난 제 속살,
남모르게 감추지만

언제 또 후벼팠는지
붉은 피가 고인다

폐선 · 2

누구를 기다리는 일
형벌인 줄 몰랐구나

포탄이 빗발쳐도
빈 나루 꽉 지키더니

구멍 난
저 목뼈 어쩌나
달빛 아래 전중 사는,

브레이크

밤이 깊은 고갯길 눈보라도 심상찮다
느닷없는 불빛 앞에 브레이크를 밟았지만
끼이익, 뼈를 쪼개는 마찰음만 나뒹군다

가까스로 난간에 걸린 바퀴에 안도하며
생각의 공회전을 새삼스레 되돌린다
그쯤서 브레이크를 밟았어야 했다고

살며 만난 바퀴자국이 어디 한둘이랴
가슴이 뜨거울수록 회초리 쳐 식혀내듯
엑셀을 밟는 그만큼 브레이크도 밟는거다

저녁 숲 읽기

저무는 숲에서는 긴 작별을 하지마라
남은 길을 반납하러 돌아온 새들 앞에
막장에 숨겨둔 눈물 들킬까봐 두렵다

바람이 읽어주던 푸른 시의 행간마다
함부로 벗어놓은 추억의 검은 외투,
세상일 궁금하였나 별이 와서 뒤진다

발을 슬쩍 디민다고 내 어찌 숲이 되리
7할을 넘겨주고 나머지도 네게 맡겨
비로소 슬픔이 닮아 경계 스륵 푸는 숲

지우개

첫사랑의 새벽처럼 모나리자 엷은 미소,
표정마저 근엄하여 타짜인줄 몰랐구나
등 뒤에 감춘 비수ㄴ놉가 볼수록 감쪽같은

긴장이 유리알처럼 쨍그랑 깨져서야
너는 '도둑이야' 소리치는 대신 불을 켜
투항을 설득하느라 등골이 다 휘었구나

거짓은 들킬수록 왜 그리 완강한지
바람을 인질삼은 피 말리는 대치 끝에
비로소 등이 보이고 숨도 스륵, 멎었다

과감果敢

쑥부쟁이 몸져누운
가을의 명치끝에

활처럼 등뼈가 휜
그리움이 정좌하면

만근萬斤의
침묵을 깨고
모과 하나
툭,
떼구르

불면不眠

"사랑해서 떠난다"는
입에 발린 거짓말처럼

다가서면 설수록
곤두서는 칼날의 춤,

새벽 닭 붉은 울음이
비수처럼 꽂힌다

비

내 마음의 불 끄라고
아침부터 비가 온다

풀어 젖힌 옷고름이
흠뻑 젖은 저 깊은 애무,

끝까지 감추지 못한
변심變心이 적나라하다

화개花開 · 1

벚꽃이 반만 피니
그리움도 반만 오나

봄 이별은 아프다며
몸만 몰래 떠난 사람

문밖을 나서다말고
찻물 도로 올린다

화개花開 · 2

노략질로 악명 높은
동장군을 어찌 이겼나

햇살과 손을 잡는
수선화 저 여린 꽃잎,

바람도 군장軍裝을 풀고
가던 길을 물린다

자서전을 읽다

소나무
봄밤
풀잎으로 서노라면
뻐꾹새
제사
호미
빈집
라면 한 끼
간판
사투리
지폐
저물녘
도둑
들꽃
어머니와 광주리
자서전을 읽다

소나무

버티고 서 있다고 어찌 다 기둥이랴
흔들려도 떨지 말고 푸르게 일어서야지
당신께 등을 기대면 무지개가 보였습니다

하지만 내 넋의 들창 무시로 드나들던
바람과 함께 뒹군 막다른 벼랑에서야
함부로 눈밭에 버려진 당신을 보았습니다

부끄럽지 않으려고 경전을 읽었는지
굽어도 굽지 않은 성자처럼 서있지만
무엇을 기다리는지 차마 묻지 못했습니다

이제 더는 아버지, 당신께만 기댈 수 없어
나를 일으키는 동안 내 등도 이미 굽어
꽃보다 향기가 슬픈 옹이 하나 안습니다

봄밤

강물도
늦은 봄밤,
나처럼
잠 못 드나

천지가
깜깜해도
물소리만
환한데

매화꽃
버는 소리에
몸을 던진
별 하나

풀잎으로 서노라면

애당초 돌아갈 길
버리고 온 바람 앞에
투항을 거부해온
풀잎으로 서노라면
구절초 시린 왼뺨에
비스듬히 눕는 노을.

날마다 밑져 가는
서투른 계산법에
자꾸만 더 멀어지는
세상살이 모른다하고
가을은 야윈 강 하나
남겨두고 떠났다.

뻐꾹새

지난 여름
짜다가 둔
그 베틀에
또 누가 앉나

필 남짓 짧은 생애
터진 실로 잣아 오신

어머니
목쉰 추임새,
혀도 바싹
말랐다

제사

어머니, 목만 적셔
달포를 견디시더니

지금은 몸서리치던
그 허기도 비우셨는지

일년에
쌀밥 한 그릇,
멍히 바라만 보네

호미

밟힐수록 키가 크던 잡초들 다 어딜 갔나
눈밭에 홀로 남은 어머니의 늙은 호미,
못다 맨 콩밭 걱정에 뼈가 삭아 허옇다

찍힌 채 나뒹구는 피 묻은 바람 앞에
울음을 감추려고 입안 가득 흙을 문 채
구겨진 걸음걸이도 제 몸 곁에 눕혔다

'그만하면 작별인걸' 제 눈물이 끼니였던
악몽의 보릿고개 절룩절룩 넘은 일생,
초닷새 야윈 달빛에 팔을 베고 눕는다

빈 집
-어머니

천둥과 비바람을
온몸으로 막아주던,
이제 더는 수리마저
사치스런 빈 집 한 채
풀벌레
끊긴 울음만
별빛을 닦고 있는,

라면 한 끼

늘금 팔이 최씨는
점심이 늦은 3시다

하필 그 때 마수걸이,
흥정만 하다가 가고

부르튼
라면 한 끼가
눈물보다 더 짜다

간판

천수답 네 마지기,
논 갈던 암소 팔아

반년 치 밀린 월사금
누이 몰래 쥐어주던

아버지
그 귓속 말씀,
"사내는 간판인기라"

사투리

"참꽃이 천지 삐까리라예 퍼떡 와 보이소예"

혀끝에 와 되감기는

사투리를 따라가면

대문을 활짝 열어둔

귀 익은 기침소리

지폐

손에 손을 건널수록
꼬깃꼬깃 구겨져서

세상 잡내 다 묻힌 채
만신창이로 돌아와도

반갑게
껴안아주는,
껴안아서
품어주는

저물녘

코를 골며 잠에 빠진
개울물 몰래 건너

산사로 돌아가는
초승달, 야윈 걸음

바람도
길을 버리고
꽃더미에 안긴다

도둑

하루가 가불해준
짐을 지고 돌아와서

채우면 채울수록
깊어지는 가난이여

마음에 도둑이 든 줄
내 미처 몰랐구나

들꽃

비록 아픈 기다림이 그대를 속일지라도
우리 서로 손을 놓은 이유는 묻지 말자
꿈이 곧 힘이었노라, 그런 말은 더욱 말자

산다는 것은 서로에게 적당히 빚지는 일
까닭모를 상처가 일어서는 이유가 되듯
천 번을 버려진 뒤에 안부 물어 오는 그대

어머니와 광주리

닷새치 푸성귀를
팔러 가신 읍내 장날

어머니가 이고 오시던
낡은 광주리에는

새로 산 하얀 고무신,
반달이 졸고 있었다

자서전을 읽다

어느 재벌 회장의
자서전을 읽었다
사흘에 피죽 한 그릇,
혀가 말라 뒤틀려도
그 허기 뼈에 새기며
밤 깊도록 읽었다는,

하루에도 쌀밥 세 그릇,
새길 뼈도 보이지 않는
오늘 우린 너나없이
배 불려 힘을 얻지만
진실로 무서운 힘은
서러움에 있었다는

작품해설

'칼의 노래'에 담긴
'따뜻한
마음의 노래'를
찾아

'칼의 노래'에 담긴 '따뜻한 마음의 노래'를 찾아
― 민병도의 『칼의 노래』에 덧붙여

장 경 렬 | 서울대 영문과 교수

1. 논의를 시작하며

만해마을에서 시조 관련 세미나가 열렸던 어느 여름날 저녁, 나는 민병도를 비롯한 몇몇 시조 시인들과 함께 설악산 십이선녀탕 계곡 입구의 한 주막을 찾았다. 그곳에서 우리는 두부와 묵무침을 안주 삼아 동동주를 즐겼다. 어쩌다 보니, 이야기가 시조의 현(現)상황에 대한 반성과 개탄으로 이어졌으며, 여러 사람이 각자 견해를 밝히는 가운데 민병도는 경상북도 사람 특유의 억양과 어투로 다음과 같은 내용의 말을 했다. "시조 시인들이 앞장서서 시조 시집과 시조 평론집을 삽시다. 스스로 돌보지 않는다면 어찌 시조 시단의 부흥을 꿈꿀 수 있겠습니까." 사실 이 같은 주장에는 특별할 것이 없다. 그리고 경상도 사람 특유의 억양과 어투에도 특별할 것이 없다. 하지만 나는 조용히 자신의 생각을 밝히는 그의 어조와 표정에서 무언가 특별한 것을 읽었으니, 그것은 바로 특유의 진솔함이었다.

그리고 2년이 지난 2014년 여름 나는 유사한 행사 때문에 다시 만해마을을 찾았고, 그날 나와 의기투합한 시인 몇 사람이 십이선녀탕 계곡 입구에 있는 예의 그 주막을 다시 찾았다. 주막의 안주인과 바깥어른인 심마니 아저씨가 오랜만에 다시 찾은 나를 알아보고 반갑게 맞아 주었다. 그런데, 아니, 이럴 수가! 옛날의 동동주는 찾는 사람이 많지 않아 준비해 놓지 않았다 한다. 하지만 강원도에 가서야 맛볼 수 있는 옥수수 막걸리가 우리를 대신 반겼다. 언제나 변함없는 주막 앞의 산천경개에 눈길을 주며 두부와 함께 막걸리를 즐기다, 나는 내 맞은편에 앉아서 특유의 어조와 표정으로 말을 이어가던 민병도의 모습을 떠올렸다. 그리고 곧 내가 처음 읽었던 민병도의 시조 한 편을 기억에 떠올렸다.

　울 오매 뼈가 다 녹은 청도 장날 난전에서
　목이 타는 나무처럼 흙비 흠뻑 맞다가
　설움을 붉게 우려낸 장국밥을 먹는다.

　5원짜리 부추 몇 단 3원에도 팔지 못하고
　윤 사월 뙤약볕에 부추보다 늘쳐져도
　하교 길 기다렸다가 둘이서 함께 먹던…

　내 미처 그때는 셈하지 못하였지만
　한 그릇에 부추가 열 단, 당신은 차마 못 먹고
　때늦은 점심을 핑계로 울며 먹던 그 장국밥.
　—「장국밥」 전문

이 시에서 시인은 "장국밥"을 매개로 하여 자신의 어

린 시절을 떠올린다. 장소는 "청도 장날 난전," 그것도 "울 오매 뼈가 다 녹은 청도 장날 난전"이다. 그곳을 시인이 다시 찾은 것이다. "목이 타는 나무처럼 흙비 흠뻑 맞다가"라는 구절이 암시하듯 그는 갈증과 피로에 젖어 "장국밥을 먹는다." 그런데 왜 "설움을 붉게 우려낸 장국밥"인가. "뼈다 가 녹"도록 고생하던 어머니의 모습이, "5원짜리 부추 몇 단 3원에도 팔지 못하고 / 윤 사월 뙤약볕에 부추보다 늘쳐져도" 식사를 하지 않는 채 아들을 기다리던 어머니의 모습이 떠올랐기 때문이리라. 그런데 그때 "[아들의] 하교 길 기다렸다가 둘이서 함께 먹"겠다는 핑계를 대곤 했지만 "당신은 차마 못 먹고" 아들만을 먹였다. 왜 그랬을까. "미처 그때는 셈하지 못하였지만 / 한 그릇에 부추가 열 단"인 "장국밥"을 "당신은 차마 못 먹"었던 것이다. 아아, 때늦은 깨달음이란! 시인의 "오매"가 꾸려가야 했던 신산한 삶의 여정을 떠올리며 어찌 시인의 목이 메지 않을 수 있겠는가. 둘째 수의 종장에 나오는 말없음표는 목이 메어 말을 제대로 잇지 못하는 시인의 모습을 암시하는 것이리라. 마침내 시인은 "장국밥"을 "울며 먹"는다. 그런 시인의 모습을 상상하며 가슴이 저며 오는 것을 느끼지 않을 독자가 과연 어디 있겠는가. 이 시를 처음 읽었을 때 나는 코끝으로 몰려오는 찡한 느낌에 잠시 멍해지지 않을 수 없었다. 자식에 대한 어머니의 애틋한 사랑과 이를 뒤늦게 헤아리고 마음 아파하는 자식의 모습이 시에서 생생하게 짚였기 때문이다.

만해마을을 다녀와서 나는 곧 시조 시인 민병도가 보

내온 새로운 시집 『칼의 노래』의 원고를 꼼꼼히 살펴 읽었다. 특히 시집의 제5부 "자서전을 읽다"에서 나는 아주 오래전에 느낄 수 있었던 시인 특유의 시적 정취를 감지하고, 즐거운 마음으로 어머니와 아버지에 대한 그의 회상과 그리움에 동참했다. 물론 그의 이번 시집이 보여 주는 것은 이 같은 정조의 작품들만이 아니었다. 현실의 삶과 일상의 삶을 살아가는 동안 세계를 바라보고 이에 반응하는 시인의 마음이 감지되는 다양한 작품들이 시집의 제1부에서 제5부에 이르기까지 주제나 소재 별로 나뉘어 담겨 있기도 했다. 이제 이 같은 그의 새로운 시집에서 특히 우리의 눈길을 끄는 몇몇 작품을 선정하여, 이들에 대한 독해를 시도하기로 하자.

2-1. "칼의 노래"와 시인의 "꿈"

시집의 "제1부 광장에서"에 수록된 작품 가운데 특히 우리의 눈길을 끄는 것은 시집 『칼의 노래』에 표제를 제공한 시 「검결(劍訣)」이다. 우선 이 작품을 함께 읽기로 하자.

녹두새가 울다 떠난 필사본 유사(遺詞) 끝에
피 묻은 발자국을 남겨두고 떠나온 밤
숨어서 치리리 흰힌 칼의 노래 부른다

서풍 불면 꽃이 핀다 감히 누가 말 하는가

하늘이 기다리나 사람에 짓밟힌 꿈,
역천의 누명에 버텨 벼린 칼을 잡는다

사라져간 이름 불러 '시호시호' 울먹이다
허공에 휙, 치솟아 객귀(客鬼)의 목을 치면
달빛도 제 혀 깨물어 하얀 피가 낭자하다

세상은 일체 정적, 숨소리도 끊어진 뒤
벗어둔 옷을 입듯 산허리가 드러나고
발 부은 새벽물소리 그예 길을 떠난다
―「검결」 전문

"광장을 닫으려면 자유도 함께 닫아라"(「광장에서」)라는 구절이 대변하듯, 제1부의 시 세계에서는 대체로 사회적·정치적 메시지가 강하게 감지되는데, 민병도의 「검결」은 바로 그런 작품 가운데 하나다. 하지만 "검결"이라니? 시인 자신이 설명하듯, 이는 "동학의 창시자 수운 최제우가 지은 『용담유사(龍潭遺詞)』의 마지막에 나오는 가사"의 제목으로, 이를 우리말로 풀이하면 '칼 노래' 또는 '칼의 노래'다. 민병도의 시집 『칼의 노래』의 표제는 여기서 나온 것이다. 동학 연구의 대표적인 학자로 알려진 윤석산의 『용담유사 연구』에 의하면, 수운이 득도한 직후인 1860년 창작한 「검결」은 "동학이 지향하는 '시천주(侍天主) 정신'과 그 고양 상태 또는 동학이 지향하는 후천개벽(後天開闢)의 새로운 세상을 맞이하고자 하는 정신적인 희열을 상징적으로 노래

한 작품"(221면)이다. 아울러, "제천 등 종교적 의식의 장"에서 목검을 들고 추는 춤—즉, 검무(劍舞)—을 위한 노래가 다름 아닌 수운의 「검결」이다. 하지만 이는 수운의 처형에 직접적인 빌미가 되기도 했는데, "수운을 문초하고 처형한 경상감사 서헌순(徐憲淳, 1801-1868)이 올린 장계"에는 "다른 사안보다도 [중략] 「검결」과 '칼춤'이 언급되어" 있었다 한다(221면). 무엇이 문제가 되었던 것일까. 서헌순은 「검결」과 '칼춤'을 문제 삼아 수운과 동학도들을 "태평한 시대에 반란을 도모하려 한 취당(聚黨)으로 결론"(222면)을 내리고, 이에 따라 수운을 처형했다는 것이다. 즉, 칼을 들어 세상 변혁을 도모하자는 내용이 문제되었다.

민병도의 「검결」은 이 같은 역사적 배경을 지닌 수운의 「검결」에 대한 이해를 바탕으로 하여 창작된 작품이다. 우선 시의 전체적인 구조로 볼 때 기(起)에 해당하는 첫째 수에서 시인은 수운이 이를 노래하는 상황을 상상한다. 수운은 1860년 음력 4월 득도를 체험하고 「검결」을 짓는 등 동학의 기틀을 잡은 후에 포교 활동을 이어가다가, 1861년 음력 11월 관아의 명에 따라 포교 활동을 중지하고 전라도 남원의 은적암으로 피신한다. "녹두새가 울다 떠난"이라든가 "피 묻은 발자국을 남겨두고 떠나온 밤"이라는 구절은 이 같은 정황을 지시하는데, 이때의 "녹두새"는 동학의 교리를 전파하는 동학교도를 암시하는 것이고 "피 묻은 발자국"은 환난 속의 동학을 암시하는 것이리라. 여기서 우리가 주목해야 할 것은, 시대의 어둠을 암시하는 "밤"과 이 어둠 속에 빛나는 "환한 칼"을 병치시켜 놓음으로써, 시인은 첫째 수 자체에 시각적 긴장감을 조성하고 있다는 점이다. 명암의 차이를 극명하게 드러내는 흑과 백이라는 두 색채 사이의 병치에서 한 걸음 더 나아가, "피"가 지시하는 또 하나의 색채를 제시함으로써, 시인은 적과 흑, 적과 백 사이의 긴장감까지 조성하고 있다. 어디 그뿐이랴. "녹두새"의 녹색을 첨가하여, 시인은 첫째 수 자체에 하나의 생생한 회화적 분위기를 연출하고 있다.

시의 전체적 구조로 볼 때 승(承)에 해당하는 둘째 수에서 시인은 「검결」에 담긴 수운의 의지를 드러낸다. "서풍 불면 꽃이 핀다 감히 누가 말 하는가"라는 수사적 물음은 서학에 대한 사람들의 희망이 헛된 것임을 암시하기 위한 것이리라. 이어서 "하늘이 기다리나 사람에 짓밟힌 꿈"은 곧 동학이 꿈꾸는 이상 사회에 대한 염원을 암시하는 것일 수 있다. 하지만 꿈을 짓밟는 "사람"들은 동학에 "역천의 누명"을 씌운다. 그럼에도 불구하고 꿈을 버릴 수는 없는 일 아닌가. 수운의 굳은 의지를 암시하는 것이 바로 "역천의 누명에 버터 벼린 칼을 잡는다"라는 구절일 것이다. 이 둘째 수에서도 여전히 이미지들 사이의 대비가 시를 지배하고 있거니와, 무엇보다도 주목해야 할 것은 "하늘"과 "사람" 사이의 대비다. 사실 '하늘이 곧 사람이고 사람이 곧 하늘'이라는 뜻의 '인내천(人乃天)'이 동학의 근본 사상이라는 점을 감안한다면, 하늘과 사람을 대비 관계에서 이해함은 가당치 않은 것일 수도 있다. 하지만 동학의 교리를 적대시하고 하늘을 거스르는 이들이 있으니, 이들은 곧 여기서 말하는 "꿈"을 짓밟는 사람들이다. 그런 관점에서 볼 때, 이들은 여전히 하늘과 대비되는 존재다. 시인은 양자 사이의 대비 관계를 '기다리다'와 '짓밟다'라는 동사를 동원하여 형상화하고 있기도 하다. 한편, 시 안에 명시되어 있지는 않지만, 우리는 '서풍'에 대비되는 '동풍'을 상정할 수 있다. 이로 인해, 서학과 동학 사이의 대비가 둘째 수에서 또 하나의 긴장 요인으로 작용한다. 뿐만 아니라, 역천(逆天)은 순천(順天)과 대비되는 개념으로, 이 또한 둘째 수에 시적 긴장의 분위기를 조성하는 요인이기도 하다. "역천의 누명"에도 불구하고 이에 버텨 "벼린 칼"을 잡음은 곧 수운에게 순천에 대한 확신이 있었기 때문이리라.

전(轉)에 해당하는 셋째 수에 이르러 시인은 이제 검무의 현장에 눈길을 준다. 수운의 「검결」은 "시호(時乎), 시호, 이 내 시호, 부재래지시호(不再來之時乎)로다"로 시작되는데, 이는 "때가 왔네, 때가 왔네, 나에게 때가 왔네, 다시는 오지 못할 때가 왔도다"로 번역될 수 있다. 셋째 수가 "시호시호"로 시작됨은 시인의 상상 속 수운이 머무는 공간에서 이제 바야흐로 검무가 시작되었음을 암시한다. 이어서, 비록 의식(儀式)의 한 과정을 통해서이긴 하나, 수운은 "벼린 칼"을 "허공에 휙" 치솟아 휘둘러 "객귀의 목"을 친다. 수운의 몸짓은 이방(異邦)의 귀신—즉, 서학—에 대항하고 이의 침범을 막아내고자 하는 동학의 의지를 제식화(祭式化)한 것이다. 수운이 이처럼 칼춤을 추는 과정에 실제로 사용했던 것은 '목검'이지만, 시인의 상상 속에 이는 서

슬이 퍼런 "버린 칼"로 존재한다. 이 칼로 "객귀의 목"을 치자, "달빛도 제 혀 깨물어 하얀 피가 낭자하다." 이때의 "하얀 피"는 칼이 "달빛"에 번쩍이며 재빠르게 움직일 때의 섬광을 지시하는 것이리라. 하지만 "달빛도 제 혀 깨물"다니? 이 말이 의미하는 바는 무엇일까. 이는 물론 달빛조차 수운의 결의에 공감하여 수운이 추는 칼춤의 무대에 또 하나의 연기자로 참여하고 있음을, "제 혀 깨물어 하얀 피"를 흘림으로써 무대 위 수운의 연기를 더욱 극적(劇的)인 것으로 만들고 있음을 암시하는 말일 수 있다. 또는 달빛이 수운과 '하나'가 되어 칼춤의 무대를 이끌어가고 있음을 암시하는 말일 수 있다. 아무튼, 달빛과 수운이 '하나'가 되어 무대 위 연기를 이끌고 있다는 관점에서 보면, 달빛은 곧 수운의 '또 다른 자아'(alter ego)일 수도 있으리라. 그런 관점에서 보면, "하얀 피"는 "객귀"의 피일 수도 있지만, 자신의 칼춤으로 인해 결국 수운이 흘려야만 했던 피를 암시하는 것일 수도 있으리라. 앞서 살폈듯, 수운과 동학교도들에게 "태평한 시대에 반란을 도모하려 한 취당(聚黨)"이라는 혐의를 씌워졌다. 그리하여 수운에게 참수형이 내려져 그는 형장의 이슬로 사라졌다. 이 셋째 수의 종장에서 이처럼 형장의 이슬로 사라진 수운의 모습을 떠올린다면 지나친 것일까. 우리가 이처럼 무리한 이해를 시도하는 이유는 무엇인가. 앞서 논의했듯, 이는 칼춤으로 인해 결국에는 수운이 맞이해야 했던 참수의 운명을 겹쳐 읽을 수도 있기 때문이다. 하지만 이와 동시에 우리는 이차돈의 순교를 떠올리지 않을 수 없거니와, 전설에 의하면 순교자 이차돈이 처형을 당하는 순간 그의 목에서 "하얀 피"가 솟구쳤다 하지 않는가. "하얀 피"를 흘린 "달빛"에서 우리가 수운의 모습을 읽고자 함은 이 때문이기도 하다.

달빛 아래 검무를 추는 수운의 모습을 재현한 셋째 수 역시 강렬한 회화적 분위기를 연출하고 있거니와, 시인은 이를 거쳐 마침내 결(結)에 해당하는 넷째 수로 우리를 이끈다. 여기서 시인은 검무의 "숨소리"가 "끊어진" 이후 "일체 정적"이 "세상"을 지배하고 있는 정황에 마음의 눈길을 준다. 바로 이 넷째 수에서도 시각적 이미지가 시의 분위기를 지배하고 있는데, 우리는 이를 특히 중장에서 확인할 수 있다. "벗어둔 옷을 입듯 산허리가 드러나고"에서 우리는 밤이 가고 새벽이 오자 숲으로 감싸인 산허리가 다시 제 모습을 찾고 있음을 확인할 수 있다. 아니, 넷째 수에서 확인되는 것은 시각적 이미지만이 아니다. 종장에서 감지되는 것은 바로 청각적 이미지 아닌가. 문제는 "발 부은 새벽물소리 그예 길을 떠난다"라는 구절이 의미하는 바다. 추측건대, 발이 부을 정도로 쉬지 않고 흐르던 물마저 멈춰 서서 이를 지켜볼 만큼 수운의 노래와 칼춤은 엄청난 것이었음을 암시하는 것일 수도 있고, 쉬지 않고 흐르며 물이 내던 소리를 듣지 못할 정도로 주변의 사람들이 수운의 노래와 칼춤에 심취해 있었음을 암시하는 것일 수도 있으리라.

이처럼 수운의 제례 의식을 담고 있는 이 시가 전체적으로 의미하는 바는 무엇일까. 또한 시인이 역사의 한

순간을 이처럼 시로 형상화하는 이유는 무엇일까. 무엇보다 시인은 수운의 「검결」에 담긴 시대 정신이 우리 시대에도 요구됨을 말하고자 한 것이리라. 다시 말해, 이는 우리 시대가 처한 정치적·역사적 현실에 대한 비판적 시선을 드러내기 위한 것일 수 있다. 아마도 이 같은 우리의 이해를 뒷받침하는 작품 가운데 하나가 앞서 잠깐 언급한 「광장에서」일 것이다. 아울러, 시인 민병도의 「검결」은 문화적으로 혼란스러운 우리 시대의 예술가가 추구해야 할 "꿈" 또는 가치나 이상이 무엇인지에 대한 시인 자신의 신념을 드러내는 작품일 수도 있다. 이와 관련하여, 민병도는 시조 시인인 동시에 한국화 화가라는 점을 주목해야 할 것이다. 그는 최근 자신이 발간한 화집 『미술세계 작가상 민병도』(2014, 미술세계사)의 「작가의 말」을 통해 "이번 화집 정리를 계기로 앞으로는 보다 더 한국화만의 정체성에 집중하고 싶다"고, "강요된 서양 미학의 논리에서 벗어나 모필과 한지와 먹을 중심으로 전래의 색채 기법과 만나는 새로운 질서와 미학에 관심을 집중하고 싶다"고 밝히고 있거니와, 이는 단순히 미술 분야뿐만 아니라 문학 분야와 관련해서도 시인이 지향하는 "꿈"이 무엇인지를 드러내는 말이리라. 문학 분야에서 시인이 지향하는 "꿈"은 물론 시조의 부흥이다. 한국화든 시조든 한국의 전통적 문화에 대한 시인의 "꿈"에 대한 우리의 이 같은 이해를 뒷받침하는 또 하나의 작품을 들자면, "이제 먼동 트면 오랑캐를 몰아내고 / 내 뜨거운 피를 뿌린 조선의 흙이 되리라 / 끊어져 되돌아오는 맥박을 꽉, 잡는다"로 끝나는 「면암(勉庵), 도끼를 지다」일 것이다.

2-2. 사색의 노래와 관조의 노래

화집에 담긴 「작가의 말」에서 언급한 "모필과 한지와 먹"은 아마도 한국화 화가로서의 시인 민병도가 무엇보다 소중하게 여길 법한 품목들이리라. 시집의 "제2부 먹을 갈다보면"에 소제목을 제공한 작품 「먹을 갈다보면」에서 우리는 "모필과 한지와 먹"을 준비해 놓고 먼저 먹을 갈고 있는 시인과 만날 수 있다. 한국화 화가에게 먹을 가는 일이란 단순히 그림을 그리기에 앞서 수행하는 준비 작업에 불과한 것만은 아니리라. 이는 마음을 가다듬고 생각을 정리하는 일종의 '의식(儀式)'에 해당하는 것이라 할 수 있다. 어찌 보면, 마음속에 들끓는 온갖 화상(畵像)을 정리하는 과정―또는 막연하나마 의미 있는 하나의 화상을 향해 마음을 모아가는 과정―일 수 있다. 이러한 의식의 과정을 거치고 있는 시인의 마음을 담고 있는 것이 「먹을 갈다보면」이라는 작품일 것이다. 이 작품에서 셋째 수가 특히 우리의 눈길을 끈다.

아직은 볼 수 없고 보이지 않는 경계,
모습도 색도 버리고 가만히 엎드리지만
어찌나 눈이 부신지 묵죽(墨竹) 저리 환하다
―「먹을 갈다보면」 제3수

"아직은 볼 수 없고 보이지 않는 경계"라니? 물론 이때의 "경계"는 대상이나 사물의 윤곽을 지시하는 표현으로, 이를 "볼 수 없고 보이지 않는[다]" 말함은 예술적 형상화의 작업이 아직 이루어지지 않았음을 암시하는 것이리라. 그런 상황에서 화가 민병도의 눈에 들어오는 것은 다만 그의 손길을 따라 갈리고 있는 먹물뿐이다. 하지만 그것이 어찌 단순한 먹물이겠는가. 먹물은 "모습도 색도 버리고 가만히 엎드리"고 있지 않은가. 화가는 먹물에 혼(魂)을 부여하고 있는 것이다. 마치 조각가가 하나의 돌덩이에 생명을 부여하듯. 이윽고 조각가가 눈앞의 돌덩이를 응시하는 가운데 그 안에 숨어 있는 무언가의 형상을 예기적(豫期的, proleptic)으로 감지하듯, 화가는 갈고 있는 먹물에서 "어찌나 눈이 부신지" 모를 "환"한 "묵죽"을 본다. 추측건대, 화가가 마음속에 담고 있던 죽(竹)의 형상이 먹물을 매개로 하여 구체화하고 있는 것이리라. 아니, 이렇게 생각할 수도 있겠다. 갈리고 있는 먹물에서 불현듯 죽의 형상이 떠올라 화가의 마음을 사로잡은 것일 수도 있으리라. 어떤 경우든, 한국화의 '한국화다움'은 이처럼 먹을 가는 예비 절차—즉, 소중하고 경건한 의식과도 같은 절차—가 있기 때문에 가능한 것 아닐까.

  요컨대, 「먹을 갈다보면」은 일상의 삶에서 잠깐 비켜서서 사색(思索)에 잠겨 있는 시인의 모습을 감지케 하는 작품이다. 이때 시인을 사색으로 이끄는 것은 물론 먹을 가는 일 또는 갈고 있는 먹이다. 어찌 보면, '사색의 노래'로 규정될 수 있는 제2부의 작품에서 우리가 일별할 수 있는 것은 이처럼 무언가를 매개로 하여 사색에 잠기는 시인의 모습이다. 예컨대,「소를 찾아서」에서는 "늙은 소"를,「운주사의 와불」에서는 "아무 말 하지 않고 드러" 누워 있는 "와불"을,「니르바나」에서는 "느낌표"와도 같은 "북어"를,「시간의 집」에서는 "잔해로" 만나는 "시간"을,「줄」에서는 "우리 집 늙은 개"를 묶어 놓는 "줄"을,「숲을 보고 산을 말한 적 있다」에서는 "빽빽한 숲"을 매개로 하여 시인은 사색을 이어간다. 이 같은 사색의 기록들 가운데 어느 하나 소중하지 않은 것이 없지만, 특히 우리가 무엇보다 주목해야 할 작품은「숲을 보고 산을 말한 적 있다」일 것이다.

곱게 입은 옷을 보고 아름답다 말해버리듯

흐르는 물을 보고 강이라 말해버리듯

빽빽한
숲을 보면서
산이라
말한 적 있다
—「숲을 보고 산을 말한 적 있다」전문

'무언가를 보고 무엇이라 말하는 것'은 생각과 판단을 드러내는 행위다. 즉, 사람들은 생각하고 판단한 바에 따라 무언가를 보고 무엇이라 말한다. 하지만 이 작품의 초장과 중장에 해당하는 "곱게 입은 옷을 보고 아름답다 말해버리듯"과 "흐르는 물을 보고 강이라 말해버리듯"이라는 구절에는 이러한 논리가 있는 그대로 적용될 수 없는데, 여기서는 '버리다'라는 보조동사가 사용되고 있기 때문이다. 명백히, '말해버리듯'이라는 표현과 '말하듯' 또는 '말했듯'이라는 표현 사이에는 의미상의 차이가 존재한다. 국립 국어원의 인터넷 사전에 의하면, '버리다'라는 보조동사는 "앞말이 나타내는 행동이 이미 끝났음을 나타내는 말"로, "그 행동이 이루어진 결과, 말하는 이가 아쉬운 감정을 갖게 되었거나 또는 반대로 부담을 덜게 되었음을 나타낼 때 쓴다." 이 시의 초장과 중장에서 짚이는 것은 '부담감'보다는 '아쉬움'의 감정으로, 이는 사전의 정의처럼 말하는 행위가 이미 이루어졌기 때문이 아니다. 아쉬움의 감정이 짚이는 것은 무엇보다 별다른 생각과 판단이 없이 입에서 나오는 대로 쉽고 편하게 말하거나 말했기 때문일 수 있으리라. 다시 말해, 깊은 생각과 판단이 없이 또는 생각과 판단을 하되 깊이 생각하거나 판단하지 않은 채 무언가를 보고 무엇이라 서둘러 말하거나 말했기 때문일 수 있다. 또는 생각과 판단을 하지만 그 내용이 아직 구체화되지 않은 상태에서 무언가를 보고 무엇이라 말하거나 말했기 때문일 수도 있다.

  시인이 '버리다'라는 보조동사를 사용함으로써 이처럼 의미 해독을 어렵게 만드는 이유는 무엇일까. 이는 결코 시조의 율격을 지키기 위한 것이 아니리라. 그렇다면 그 이유는 무엇일까. 이와 관련하여, 우리는 "곱게 입은 옷"이나 "흐르는 물"은 대상의 일부 또는 두드러진 특성을 지시하는 것에 불과한 것일 뿐 대상 자체를 지시하는 것이 아님을 주목해야 할 것이다.

우선 "곱게 입은 옷"을 문제 삼기로 하자. 누군가가 옷을 곱게 차려입었을 때 우리는 이를 보고 '참 아름다우네'라든가 '옷이 참 아름다우네'라는 표현을 사용한다. 만일 '옷이 참 아름다우네'라 말하면, 이는 그런 옷을 차려입은 사람에 대한 평가는 따로 하지 않겠다는 뜻을 암시할 수도 있다. 심한 경우, 옷을 차려입은 사람은 아름답지 않다는 뜻의 '옷은 참 아름다우네'라는 언사(言辭)까지 포함할 수도 있다. 따라서 우리는 '참 아름다우네'라고 말하는 쪽을 택할 때가 많다. 부분(옷)과 전체(옷으로 몸을 단장한 사람)의 경계가 막연해지는 이 같은 표현은 난처해질 수도 있는 상황을 모면하기 위해 즉흥적으로 하는 돌려 말하기일 수도 있지만, 이 자체가 대상에 대한 생각과 판단을 적당한 선에서 얼버무리기 위한 것일 수도 있다. 아마도 대상에 대한 엄밀한 미적 판단을 요구하는 작업인 그림 그리기를 자신의 천직 가운데 하나로 삼고 있는 시인이자 화가 민병도에게 이는 결코 쉽게 간과해 버릴 성질의 상황은 아닐 것이다.

이어서 "흐르는 물"을 문제 삼자. 흐르는 물은 세상 어디서나 목격된다. 비가 오면 어디론가 흘러가는 빗물도 흐르는 물이고, 논둑의 터진 곳을 지나는 논물도 흐르는 물이다. 심지어 수도꼭지에서 나와 하수구로 향하는 수돗물도 흐르는 물이다. 바닷가의 개펄에 형성된

골을 따라 밀려오거나 빠져나가는 바닷물도 흐르는 물이다. 물론 강물도 흐르는 물이다. 하지만 흐르는 물이 곧 강은 아니다. 그런 의미에서 본다면, 흐르는 물을 보고 이를 강이라 말함은 논리상의 오류다. 뿐만 아니라, '빛나는 것은 곧 금(金)이나 태양'이라 '말해 버리는 것'과 다름없는 종류의 언어 행위—즉, 생각과 판단이 없이 또는 쉽게 생각하고 판단하고는 상투적인 말을 기계적으로 입 밖으로 내뱉는 행위—에 불과한 것이다. 즉, '생각과 판단의 상투화'를 드러내는 것이기도 하다. 따지고 보면, 인간의 일상적 언어 행위를 지배하는 것이 바로 이 같은 종류의 '생각과 판단의 상투화' 아닌가. 어찌 보면, 시를 창작하는 일이란 이러한 '생각과 판단의 상투화'에 저항하여 말을 '일신(一新)하는 언어 행위' 또는 '언어를 새롭고 생소한 것으로 전복(顚覆)하는 행위'이리라. 사정이 그러하다면, 시 쓰기를 자신에게 주어진 또 하나의 천직으로 삼고 있는 시인 민병도에게 '생각과 판단의 상투화'가 어찌 시적 사색의 소재가 되지 않을 수 있겠는가.

이처럼 시인은 "곱게 입은 옷"이나 "흐르는 물"을 화두로 삼아 시적 사색을 이어가고 있다. 문제는 종장에 해당하는 "빽빽한 / 숲을 보면서 / 산이라 / 말한 적 있다"라는 구절을 어떻게 이해해야 할 것인가에 있다. 말할 것도 없이, 빽빽한 숲은 산의 한 속성일 뿐 그 자체가 산은 아니다. 빽빽한 숲은 산뿐만 아니라 들에도 있을 수 있고 강가나 바닷가에도 있을 수 있으며, 경우에 따라서는 인간의 거주 영역 한가운데에도 있을 수 있다. 또한 모든 산이 빽빽한 숲으로 이루어져 있는 것은 아니다. 숲이 없는 민둥산이나 돌산도 있으며, 만년설로 뒤덮인 설산도 있을 수 있다. 그럼에도 불구하고, 산을 그림이나 시의 소재로 삼을 때 적지 않은 화가들과 시인들이 으레 빽빽한 숲이란 으레 산에 있는 것으로 쉽게 생각하거나 판단하지는 않는지? 아울러, 산이란 으레 빽빽한 숲으로 뒤덮인 것으로 생각하거나 묘사하고 있지는 않은지? 추측건대, 시인 민병도가 지금 눈길을 주고 있는 것은 "빽빽한 숲"이리라. 그런 숲을 바라보며 그는 화가로서든 시인으로서든 자신이 범하는 섣부른 일반화 또는 기계적인 상투화에 대한 반성 또는 사색의 기회를 갖고 있는 것이리라.

 일상의 삶으로부터 한 걸음 물러서서 사색의 시간을 갖는 시인의 모습을 상상케 하는 것이 제2부라면, "제3부 두물머리"에서 우리가 떠올릴 수 있는 것은 자연의 사물과 풍광을 향해 관조의 눈길을 던지고 있는 시인의 모습이다. 그런 의미에서 제3부는 '관조의 시 세계'로 요약할 수 있거니와, 시인이 관조의 눈길을 주는 대상이 자연의 사물이든 풍광이든 여기서 우리가 감지하는 것은 다름 아닌 생생한 회화적 이미지들이다. 즉, 시적 소재가 "미루나무"든, "두물머리"든, "홍련"이든, "달팽이"든, "개나리"든, "안개"든, "길"이든, "별똥별"이든, "파도"든, "청개구리"든, 또는 그 밖에 무엇이든, 제3부에서 시인이 펼쳐 보이는 시 세계는 '언어로 된 그림'으로 요약될 수 있을 것이다. 이 같은 경향을 어느 예보다 선명하게 보여 주는 작품이 있다면, 이는 바로 「안개」다.

새벽부터 스멀스멀 안개가 숲을 먹는다
오래 굶은 짐승처럼 산을 통째 먹는다
길 없는 길을 걸어와 마을마저 삼킨다

하지만 삼키지 못한 맑은 물소리 앞에
함부로 빼앗은 들과 길을 도로 뱉어놓고
깃발도 꽂지 못한 채 점령지를 철수한다
─「안개」 전문

위의 시는 가히 두 폭으로 이루어진 한국화에 비견될 수 있다. 첫째 폭의 그림이 새벽녘의 안개에 세상이 가려지는 정경을 담고 있다면, 둘째 폭의 그림은 안개가 걷히고 세상이 원래의 모습을 되찾는 정경을 담고 있다 할 수 있다. 하지만 시는 결코 그림과 동일한 것일 수 없으니, 선과 색채로 이루어진 그림이란 본질적으로 시간이 정지된 어느 한순간을 형상화하기 위한 것이기 때문이다. 하지만 이와는 달리 언어를 매체로 하는 시는 언어의 시간적 역동성을 반영한다. 심지어 안개와 같이 지극히 정적인 자연 현상을 시화한 위의 시에서도 우리는 이 같은 역동성을 느낄 수 있는데, 이는 물론 '먹다'와 '삼키다' 또는 '뱉다'와 '철수하다'와 같은 동사의 도움 때문이다. 어찌 보면, 첫째 수의 '굶다'와 '걷다' 및 둘째 수의 '빼앗다'와 '꽂다'와 같은 동사도 '언어로 된 그림'의 역동성을 효과적으로 살린다. 심지어

'스멀스멀'과 같은 부사도 시적 이미지의 역동성을 강화하는 데 나름의 역할을 한다. 물론, 루벤스(Rubens)의 「레우키포스의 딸들의 능욕」이나 고흐(Gogh)의 「별이 빛나는 밤」이 보여 주듯, 더할 수 없이 강렬한 역동성을 감지케 하는 그림이 없는 것은 아니다. 하지만 어찌 역동성의 면에서 시가 그림에 대적할 수 있겠는가. 한국화 화가인 민병도가 시조를 포기할 수 없음은 이 때문 아닐까.

「안개」의 첫째 수는 "새벽부터 스멀스멀 안개가 숲을 먹는" 정경을 시화한 것이다. 시인은 이를 "오래 굶은 짐승처럼 산을 통째 먹는" 것으로 묘사하고 있거니와, 숲으로 둘러싸인 산을 감싸는 안개를 굶주린 상태에서 먹이를 통째로 집어삼키는 짐승에 비유하고 있다. 이 같은 비유를 통해 시인은 안개가 '순식간에' 산을 감싸는 정경을 더할 수 없이 생생하게 시각화한다. 하지만 시인의 비유는 이 선에서 끝나지 않는데, 안개를 "길 없는 길을 걸어" 마을로 향하는 짐승으로 묘사함으로써 잠재적인 비유의 힘을 더욱 강화한다. "길 없는 길을 걸어" 마을로 향하는 안개라니! 여기서 광포한 짐승과도 같은 안개의 걷잡을 수 없는 힘이 감지되지 않는가. "산을 통째 먹는" 것에서 만족하지 않고 "마을마저 삼" 키는 안개—바로 이 같은 안개를 굶주려 광포해진 짐승에 비유하고 있는 것에서 우리는 시인의 예사롭지 않은 시적 상상력을 일별하지 않을 수 없다.

둘째 수에 이르러서도 시인은 비유의 일관성을 여일하게 유지한다. 다시 말해, 시인은 여전이 안개를 짐승에 빗대어 동적인 시각화를 도모한다. 안개가 "함부로 빼앗은 들과 길을 도로 뱉어놓는다"니! 여기서 감지되는 비유의 일관성은 「안개」의 첫째 수와 둘째 수를 유기적으로 연결하는 역할을 한다. 아무튼, 문제는 안개가 "삼키지 못한 맑은 물소리 앞에" '삼킨 것을 도로 뱉어놓는다'라는 둘째 수의 초장과 중장에 담긴 시적 진술을 어떻게 이해해야 할 것인가에 있다. 논란의 여지가 있을 수 있겠지만, 이는 맑은 물소리에 '굴복하여' 안개가 뒤로 물러서는 것으로 이해할 수 있지 않을까. 안개가 물소리에 굴복하다니? 이 말이 의미하는 바는 무엇일까. 이는 물론 온 세상이 안개에 갇혀 있더라도 산골짜기의 흐르는 시냇물의 소리만큼은 또렷하게 들리는 정황을 암시하는 것일 수 있다. 청각은 시각의 지배를 받지 않기 때문이다. 하지만 이것으로 전부일까.

우리가 이 같은 의문을 갖는 이유는 둘째 수의 종장에 이르러 비유의 일관성이 깨지고 있기 때문이다. 즉, 이 부분에 이르러 이제까지 유지되던 비유적 이미지는 '짐승'에서 '인간'으로 바뀐다. 이와 관련하여, '깃발을 꽂다'나 '점령지를 철수하다'는 말은 인간에게 적용되는 표현이지 짐승에게 적용될 수 있는 것이 아니라는 점에 유의하기 바란다. 시인이 중장까지 유지하던 비유의 일관성을 이처럼 종장에서 깨는 이유는 무엇일까. 혹시 시인이 자기도 모르게 실수를 범한 것 아닐까. 만일 우리가 그와 같은 혐의에 쉽게 굴복할 수 없다면, 그 근거는 무엇일까. 무엇보다 이는 의식적인 것이든 무의식적인 것이든 시인의 시적 기도(企圖)를 반영한 것으로 볼 수 있기 때문이다. 즉, 비유적 이미지가 '짐승'에서 '인간'으로 바뀐 것은 실수에 따른 시적 이미지의 '불일치'로 보아서는 안 된다. 이는 오히려 시적 이미지의 '확장'을 통해 시 자체에 대한 중의적(重義的)인 이해를 이끌기 위한 시인의 의식적인 또는 무의식적인 시적 기도로 보아야 할 것이다.

우리가 이 같은 주장을 펴는 것은 이제까지 유지되었던 '짐승'의 이미지에 변화를 유도하는 것이 둘째 수의 종장일 수 있다는 판단에 따른 것이다. 즉, 둘째 수의 종장으로 인해, 앞서 제시된 '짐승'의 이미지는 단순히 '짐승'의 이미지에 머물지 않고 '짐승과도 같은 인간'의 이미지로 바뀐다. 어찌 보면, 안개를 단순히 '짐승'의 이미지로 읽기보다는 한걸음 더 나아가 '인간'—그것도 '짐승과 같은 인간'—의 이미지로 다시 읽도록 독자를 유도하는 것이 둘째 수의 종장이라 할 수 있다.

이에 따라, "안개"가 "산"을 먹고 "마을"을 삼킨다는 시적 진술뿐만 아니라 "삼키지 못한 맑은 물소리"라는 시적 진술에 대한 해석의 지평까지 넓어진다. 우선 "안개"가 "산"을 먹고 "마을"을 삼킨다는 시적 진술은 단순히 자연 현상을 지시하는 것만이 아니라 현세적인 인간사에 대한 우의(寓意, allegory)로 읽을 수도 있게 된다. 예컨대, 이 시의 "안개"는 우리의 시야를 흐리게 하고 앞을 가로막는 이 시대의 탐욕스럽고 의롭지 못한 인간—즉, '짐승 같은 인간'—에 대한 우의일 수 있다. 그런 시각에서 본다면, "삼키지 못한 맑은 물소리"는 광포하고 굶주린 짐승과도 같은 인간이라 해도 끝내 집어삼키지 못하는 그 무엇에 대한 우의로 읽힐 수 있다. 예컨대, 이 시의 "맑은 물"은 인간의 미덕, 선의, 사랑, 양심과 같은 근원적인 선(善)에 대한 우의일 수 있다. 아니, 이렇게 생각할 수도 있겠다. "삼키지 못한 맑은 물소리"는 짐승과도 같은 정치적·사회적 억압자에게 끝내 굴복하지 않는 민중의 함성에 대한 우의일 수도 있지 않을까.

이 같은 우리의 시 읽기가 과도하다 느끼는 사람이 있다면, 시조란 원래 초월적인 자연을 노래하기 위한 것이 아니라 현세적인 인간 세계를 노래하기 위한 문학 장르라는 점에 유의하기 바란다. 즉, 시조란 초월적 상징의 세계에 대비되는 현세적 우의의 세계를 지향하는 문학 장르라는 주장은 결코 근거 없는 것이 아님에 유의해야 한다. 전통적인 시조를 살펴보면, 자연을 노래한 탁월한 시조 가운데 어느 것을 보더라도, 일찍이 김윤식 교수가 말했듯, "순연히 자연을 그린 게 거의 없다"는 점도 잊지 말아야 한다. 우리가 「안개」를 단순한 자연에 대한 관조의 노래로 받아들이는 선에서 벗어나 이해의 지평을 넓히고자 함은 이 때문이다. 그리고 이 같은 지평 넓히기가 전혀 근거 없는 것이 아님은 비유의 일관성이 깨지는 것을 단순한 실수가 아니라 비유적 의미의 강화로 이해할 수 있기 때문이다. 거듭 말하지만, 여기서 우리가 추적하고 있는 시적 기도는 물론 시인의 의식적인 것이 아니라 무의식적인 것일 수도 있다. 그리고 이 같은 무의식적인 시적 기도를 가능케 하거나 이를 읽도록 우리를 유도하는 것이 있다면, 이는 다름 아닌 시조라는 문학 장르의 잠재력이다.

한 걸음 더 나아가, 민병도의 「안개」는 신화적 해석까지 감당할 수 있는 작품이거니와, 여기서 우리는 늑대가 해나 달을 집어삼켰다가 뱉어냄에 따라 일식이나 월식이 생긴다는 중국의 전설을 떠올릴 수도 있다. 사실 무언가 상징적인 동물이 세계든 신이든 인간이든 집어삼켰다가 뱉는다는 신화적 이야기는 이 세상 곳곳에서 확인되거니와, 이런 의미에서 「안개」에 대한 이해와 해석의 가능성은 무한히 열려 있다고 할 수 있으리라.

2-3. 일상의 노래와 삶의 노래

『칼의 노래』의 "제3부 두물머리"에서 감지되는 것이 자연의 사물과 풍광을 향한 관조의 시선이라면, "제4부 성냥"에서 확인할 수 있는 것은 주변의 일상사를 향한 관찰의 시선이다. 이와 관련하여, 제4부의 시 세계에서 우리가 만나는 대상들은 대체로 일상의 삶 한가운데서 찾아볼 수 있는 것들이라는 점에 유의하기 바란다. 그리고 그것이 "성냥"이든, "건반"이든, "사전"이든, "비 그친 길바닥을 기어가던 지렁이"든, "공중전화"든, "막 내린 무대"든, "속살"을 덮고 있는 "딱지"든, 자동차의 "브레이크"든, "저녁 숲"이든, "비"든, "벚꽃"이든, "수선화"든, 또는 그 밖에 무엇이든, 일상의 삶을 이루고 있는 이들 내상을 향해, 또는 이들 대상의 손재로 인해 촉발되는 상념들이나 일어나는 일들을 향해 시인이 던지는 관찰의 시선은 때로 섬세하고 때로 예민하며 때로 다감하고 때로 내밀하다. '일상의 노래'로 규정될 수 있는 제4부의 작품들 가운데 특히 우리가 주목하고자 하는 것은 「어떤 통화」다.

어둑어둑 날이 저문
운문사 공중전화

볼이 젖은 어린 스님
한 시간째 통화중이다

등 뒤엔
엿듣고 있던
별 하나가 글썽글썽
―「어떤 통화」 전문

시조 시단의 일반적 경향에 비춰 볼 때 「어떤 통화」는 예외적인 작품이라 하지 않을 수 없다. 무엇보다 이 작품에서 감지되는 단아하고 아기자기한 시적 분위기는 요즈음 시조 시단의 작품에서 좀처럼 찾아보기 쉽지 않다는 점에서 그러하다. 물론 이 같은 시적 분위기의 작품이 시조 시단에 아주 없는 것은 아니다. 이를테면, 이영도의 「단란」과 같은 빼어난 작품이 있지 않은가. "아이는 글을 읽고 / 나는 수(繡)를 놓고 // 심지 돋우고 / 이마를 맞대이면 // 어둠도 / 고운 애정에 / 삼가한 듯 둘렀다." 민병도가 이영도의 추천으로 시조 시단에 나왔다는 점에서 보면, 「어떤 통화」에서 감지되는 시적 분위기는 결코 우연한 것이라 할 수 없으리라. 아무튼, 이 시에서는 단아하고 아기자기한 분위기뿐만 아니라 동화적인 분위기까지 짙인다. 우리는 '동화적'이라는 말을 중의적(重義的)으로 사용하고자 하는데,「어떤 통화」에서는 '동화적(童話的)인 분위기'뿐만 아니라 '동화적(童畵的)인 분위기'까지 감지되기 때문이다. 다시 말해, 이 시에서는 순진무구한 어린아이의 삶이 담긴 이야기의 분위기뿐만 아니라 맑은 어린아이의 모습이 담긴 그림의 분위기까지 읽힌다.

추측건대, 시인은 "운문사"라는 절을 찾아, 날이 저물어 어둑어둑해질 무렵까지 그 절의 경내에서 시간을 보내고 있는 것이리라. 무엇 때문에 절을 찾았는지는 모르지만, 시인은 우연히 절의 경내 한편에 있는 공중전화에 눈길을 주게 된 것이리라. 공중전화 앞에 서서 "한 시간째 통화중"인 "볼이 젖은 어린 스님" 때문이다. 만일 "어린 스님"이 통화를 일찍 끝냈거나 그의 볼이 젖어 있지 않았다면, 시인은 눈길을 주지 않았을지도 모른다. 어쩌다 눈길을 주었다 해도 그랬던 사실조차 쉽게 잊었을지도 모른다. 아무튼, "어린 스님"이 "볼이 젖은" 모습으로 "한 시간째 통화"를 하고 있는 이유는 무엇일까. 자유롭게 뛰놀아야 할 어린 나이의 스님으로서는 절 생활을 감당하기가 어렵기 때문일까. 아니면, 주지 스님에게든 누구에게든 꾸지람을 들어 서럽기 때문일까. 그것도 아니라면, 같은 또래의 스님과 다투고 나서 노엽기 때문일까. 아니, 그냥 집과 가족이 그리운 것은 아닐까. "어린 스님"은 날이 저문 지금 자신의 응석을 받아줄 만한 누군가에게 눈물을 글썽인 채 하소연하고 있는 것이리라. 한편, "어린 스님"의 마음에 담긴 것이 어려움이든 서러움이든 노여움이든 그리움이든, 그와 같은 감정은 "어둑어둑 날이 저문" 때이기에 더욱 강렬한 극적인 것이 되고 있는 것 아닐까. 이 시의 도입부가 소중함은 이처럼 시적 분위기 자체를 강화하기 때문이리라.

아마도 날이 저문 때 절의 경내에 있는 공중전화 앞을 떠날 줄 모르는 "어린 스님"의 모습은 한 폭의 동화(童畵)가 될 수 있으리라. 또한 "볼이 젖은"과 "한 시간째 통화중"이라는 간결한 두 마디의 말 뒤에 숨어 있는 "어린 스님"의 사연은 있는 그대로 한 편의 동화(童話)가 될 수도 있으리라. 이윽고 시조의 종장에 해당하는 제3연에 이르러, 시인은 앞의 두 연에서 선보인 '동화'에 화룡점정(畵龍點睛)의 필치를 가한다. "별 하나"가 "어린 스님"의 사연을 "엿듣고" 있다니! 여기서 아기자기한 동화(童話)를 완성하는 시인 민병도의 필치가 느껴지지 않는가. "별 하나"가 눈물을 "글썽글썽"이다니! 여기서 맑고 소박한 동화(童畵)를 완성하는 화가 민병도의 필치가 느껴지지 않는가. 실로 동화(童話)와 동화(童畵)가 공존하고 있는 단아하고도 아기자기한 시적 분위기의 「어떤 통화」는 시조의 저변을 확장하는 데 나름의 역할을 하는 작품이라 하지 않을 수 없다.

일상의 삶을 소재로 한 제4부의 시 세계를 뒤로 하고 "제5부 자서전을 읽다"를 펼치면, 우리는 우리가 이 글을 시작하며 논의 대상으로 삼았던 「장국밥」의 정조를 다시금 떠올리게 하는 작품들과 만날 수 있다. 어떤 의미에서 보면, 제5부의 시 세계는 시인과 주변 사람들의 신산했던 과거의 삶 또는 신산한 현재의 삶에 대한 깊고 따뜻한 탐구로 요약될 수 있거니와, 이 제5부의 작품 가운데 특히 압권은 시인의 어머니와 아버지에 대한 자전적인 회상의 시들일 것이다. 이제 그와 같은 시들 가운데 한 편을 골라 함께 읽기로 하자.

지난 여름
짜다가 둔
그 베틀에
또 누가 앉나

필 남짓 짧은 생애
터진 실로 잦아 오신

어머니
목쉰 추임새,
혀도 바싹
말랐다
—「뻐꾹새」 전문

「뻐꾹새」가 담고 있는 것은 "지난 여름" 세상을 떠난 어머니를 그리워하는 시인의 마음이다. 시조의 초장에 해당하는 제1연을 읽는 과정에 우리는 베틀의 이미지를 떠올릴 수 있다. 그리고 누군가가 "짜다가 둔" 천이 그 베틀에 걸려 있는 이미지까지도 떠올릴 수 있다. 이는 실재하는 현실 속의 베틀과 천일까. 물론 그럴 수도 있겠지만, 제2연의 "짧은 생애"라는 말이 암시하듯, 시인이 눈길을 주는 것은 비유적 의미에서의 베틀과 천이리라. 즉, 제1연은 '삶의 베틀'에 앉아 '삶의 천'을 짜던 어머니의 부재(不在)를 아쉬워하는 시인의 마음을 드러내는 것으로 보아야 할 것이다. 제2연에 이르러, 시인은 어머니가 짜던 삶의 천이 "필 남짓"의 "짧은" 것이라는 진술을 통해 어머니의 때 이른 귀천(歸天)을 안타까워하는 마음을 드러낸다. 또한 짧은 삶의 천마저도 "터진 실로 잣아 오신" 것이라는 진술을 통해 어머니가 이어왔던 삶이 얼마나 어려운 것이었나를 떠올리며 이에 슬퍼하는 마음까지도 드러낸다. 제1연의 마지막을 장식하는 "그 [삶의] 베틀에 / 또 누가 앉나"라는 물음이 말하듯, 시인은 언뜻 어머니의 베틀에 누군가—아니, 어머니—가 "또" 앉아 있다는 착시 현상에 빠져든다.

  이 지점에 이르기까지 시인이 동원하고 있는 것은 시각적 이미지로, 이 시각적 이미지를 일깨우는 것은 무엇일까. 이는 시의 제목에 등장하는 "뻐꾹새"의 울음소리이리라. 뻐꾹새는 초여름에 우리나라를 찾아 한여름까지 머무는 철새로, 작년에 어머니가 세상을 떠날 때 들리던 뻐꾹새의 울음소리가 다시 시인의 귀에 들렸던 것이리라. 그리고 이 뻐꾹새의 울음소리가 어머니의 입에서 흘러나오던 "목쉰 [삶의] 추임새"를 떠올리게 했던 것이리라. 아니, 이렇게 말할 수도 있겠다. 필시 시인은 뻐꾹새의 울음소리에서 어머니의 목소리를 들었던 것이리라. 하지만 "혀도 바싹 말랐다"니? 이는 "목쉰 추임새"마저 제대로 입에서 나오지 않을 만큼 어머니가 거쳐야 했던 삶이 신산한 것이었음을 암시하는 말일 수 있다. 이와 관련하여, 우리는 뻐꾹새가 되돌아오는 초여름은 그 옛날 어린 시절의 시인과 그의 어머니에게 고통스러운 보릿고개가 함께 찾아오던 시기였음을 기억해야 할 것이다.

이 시에서 뻐꾹새의 울음소리라는 청각적 이미지는 "어머니 / 목쉰 추임새"를 통해 암시만 되고 있을 뿐 결코 명시적으로 언급되어 있지 않다. 숲속에서 울고 있는 뻐꾹새의 모습을 직접 목격하는 사람은 얼마나 될까. 일반적으로 우리는 숲속에서 들려오는 울음소리만으로 뻐꾹새가 어딘가에 있음을 가늠할 따름이다. 마치 이 시에서 뻐꾹새의 울음소리에 대한 직접적인 언급은 없지만 이 시의 어딘가에서 울리는 뻐꾹새의 울음소리를 우리가 감지하듯. 어찌 보면, 시인에게 어머니의 존재도 그러하지 않은가. 시인에게는 어머니 역시 "목쉰 추임새"로 기억 속에 있을 뿐 그의 곁에 있지 않다. 시인은 어머니가 "또" '삶의 베틀'에 앉아 있다는 착시 현상에 빠져들지만 그럼에도 불구하고 어머니는 '여기 이곳에' 없다. 이처럼 도저한 '없음' 또는 '부재'의 분위기가 시를 지배하고 있다. 이로 인해 어머니가 있지 않음으로 인해 시인이 느끼는 싱실감 또는 부재감에 내한 시적 형상화는 그만큼 더 강렬한 것이 되고 있는 것 아닐까. 제5부의 작품에서 강렬한 시적 효과가 감지되는 예사롭지 않은 예는 「뻐꾹새」뿐만이 아닌데, 우리가 여일한 눈길을 주고자 하는 작품은 「제사」다.

어머니, 목만 적셔
달포를 견디시더니

지금은 몸서리치던
그 허기도 비우셨는지

일 년에
쌀밥 한 그릇,
멍히 바라만 보네
―「제사」 전문

시인이 「제사」에서 일깨우는 것은 '부재'의 분위기가 아니라 '허기'의 분위기다. 이 시의 도입부에서 시인은 세상을 떠날 무렵 어머니의 모습을 떠올린다. 그 무렵 어머니는 "목만 적셔 / 달포를 견디[셨]"다. 필시 허기에도 불구하고 식사를 제대로 할 수 없을 만큼 병이 깊었던 것이리라. 아니, "몸서리치던 / 그 허기"라는 말은 병중의 허기뿐만 아니라 살아생전 어머니가 견뎌야 했던 극심한 허기―예컨대, 앞서 읽은 「장국밥」에서 일별할 수 있는 어머니의 허기―를 떠올리게도 한다. 시조의 중장에 해당하는 제2연에서 시인은 어머니가 그런 허기마저 "지금은" "비우[신]" 것으로 상상한다. 해마다 제사 때가 되어 영정 앞에 "쌀밥 한 그릇"을 올리지만 영정 속의 어머니는 "멍히 바라만" 볼 뿐이기 때문이다. 물론 제사상에 올리는 음식이 실제로 비워질 것을 기대하는 사람은 어디에도 없을 것이다. 하지만 비워지지 않는 제사상의 "쌀밥 한 그릇"은 역설적으로 시인에게 어머니의 허기를 더욱 강렬하게 떠올리도록 한다. 사실 '허기도 비우다'라는 말 자체가 역설적 표현으로, '비워진 느낌'을 뜻하는 '허기'라는 말은 비워진 상태를 암시하기 때문이다. '비워진 상태에서 비워진 느낌마저 비우다'라는 말은 '한기에 너무 시달리다 보니 한기마저 잊다'라는 말과 마찬가지로 결핍이 극에 달해 결핍 자체를 느낄 수 없는 상태를 암시하거니와, 이 같은 역설적 표현을 통해 시인은 과거의 것이든 현재의 것이든 어머니의 허기에 안타까워하는 자신의 마음을 더할 수 없이 효과적으로 전하고 있다. 아니, 이때의 극단적인 허기는 시인이 세상을 떠난 어머니를 향해 지니고 있는 느낌일 수도 있으리라. "일 년에 / 쌀밥 한 그릇, 멍히 바라만 보"는 이는 시의 문맥상 영정 속의 어머니이지만, 그런 어머니의 모습과 어머니가 멍히 바라만 볼 뿐인 "쌀밥 한 그릇"을 또한 멍히 바라만 보는 시인의 모습이 이 시에서 겹쳐 읽히기 때문이다.

3. 논의를 마무리하며

이제까지 나는 민병도의 『길의 노래』에서 몇몇 편의 삭품을 선정하여 그 의미를 검토해 보았다. 그 결과, 시집의 제1부에서 제5부에 이르기까지 시인의 시 세계가 펼쳐 보이는 시적 스펙트럼의 폭이 상당히 넓다는 점을 확인할 수 있었다. 일테면, 제1부의「검결」, 제2부의 「숲을 보고 산을 말한 적 있다」, 제3부의「안개」, 제4부의「어떤 통화」, 제5부의「뻐꾹새」나「제사」와 같은 작품들이 지향하는 바의 시적 정조나 의미는 서로 양립하기 쉽지 않아 보이기도 한다. 하지만 내가 보기에 그 어떤 작품도 '민병도의 작품답지 않은 것'은 없다. 도대체 이 말이 의미하는 바는 무엇인가. 무엇보다 시조의 정격(正格)을 고수하는 민병도의 시조 사랑을 그의 작품 세계에서 감지하지 않을 수 없기 때문에 하는 말이다. 이런 관점에서 본다면, 『칼의 노래』가 담고 있는 것은 시인의 시조 사랑이 짚이는 '따뜻한 마음의 노래' 들이라 할 수 있을 것이다. 이제 끝으로 시인의 마음이 깊이 감지되는 시 한 편을 제5부에서 골라 함께 읽는 것으로 논의를 마감하기로 하자.

  손에 손을 건널수록
  꼬깃꼬깃 구겨져서

  세상 잡내 다 묻힌 채
  만신창이로 돌아와도

  반갑게
  껴안아주는,
  껴안아서
  품어주는

—「지폐」 전문

　시조의 초장에 해당하는 부분에서 우리는 "지폐"의 유통 과정과 만난다. 즉, 사람들의 손을 탈수록 지폐는 "꼬깃꼬깃 구겨"지게 마련이다. 아울러, 중장에 해당하는 부분에서 시인이 말하듯, "세상 잡내 다 묻힌 채 / 만신창이"가 되게 마련이다. 바로 이 지폐가 암시하는 바는 무엇일까. 이때의 지폐는 영욕으로 물든 현세적 삶을 살아가는 우리네 평균적인 인간의 모습 아닐까. 어찌 보면, 우리가 살아가는 삶이란 아일랜드의 시인 윌리엄 버틀러 예이츠(William Butler Yeats)가 말했듯 "눈먼 사람이 눈먼 사람들과 서로 치고받는 곳, / 개구리 알이 우글거리는 눈먼 사람의 도랑 속으로 / 거꾸로 처박히는 것"(「자아와 영혼 사이의 대화」)인지도 모른다. 그러니 어찌 우리들 인간이 "꼬깃꼬깃 구겨져서 // 세상 잡내 다 묻힌 채 / 만신창이"가 되는 "지폐"와 같은 존재가 아닐 수 있겠는가. 여기서 시인은 아마도 자신의 세속적 삶을 되돌아보는 반성의 시간을 갖고 있는지도 모른다. 그렇다면, "반갑게 / 껴안아주는, / 껴안아서 / 품어주는" 주체는 누구일까. 제5부의 작품 가운데 적지 않은 것이 시인의 부모에 관한 것이기 때문인지는 몰라도, 우리는 우선 시인의 부모를, 아니, 누구보다도 어머니를 떠올리게 된다. 하지만 어찌 그뿐이랴. 여기에는 가속의 일원인 아내도, 형제도, 자식도 포함될 수 있으리라. 뿐만 아니라, 사랑의 마음을 공유하는 시인의 친구들까지 포함될 수도 있지 않을까. 한결

음 더 나아가, 시인의 경우, 여기에는 "모필과 한지와 먹" 또는 한국화가, 그리고 무엇보다 시조가 포함될 수도 있으리라. 예술의 영역 곳곳에 이르기까지 "객귀"가 지배하고 있는 것이 우리의 현실 아닌가. 그 현실 안에서 "잡내 다 묻힌 채 / 만신창이"가 되어 "돌아와도" 시인을 "반갑게 / 껴안아주는, / 껴안아서 / 품어주는" 것은 바로 한국의 전통적 예술인 한국화와 시조일 수 있지 않겠는가!

아니, 이렇게 읽을 수도 있다. 시인이 사랑하는 가족의 구성원이나 친구들 가운데 누구든 "꼬깃꼬깃 구겨져서 // 세상 잡내 다 묻힌 채 / 만신창이로 돌아와도" 이를 "반갑게 / 껴안아주는, / 껴안아서 / 품어주는" 일을 마다하지 않겠다는 시인의 마음을 담은 것이 바로 「지폐」라는 시일 수도 있지 않을까. 나아가, 다음과 같은 시 읽기도 가능하지 않겠는가. 혹시 "꼬깃꼬깃 구겨져서 // 세상 잡내 다 묻힌 채 / 만신창이"가 되어 있는 것은 다름 아닌 서양화의 기세에 눌려 기를 못 펴는 한국화나 자유시에 밀려 천덕꾸러기가 된 시조가 아닐까. 이 같은 한국화와 시조를 "반갑게 / 껴안아주는, / 껴안아서 / 품어주는" 일을 사랑의 마음으로 이어가겠다는 시인의 따뜻한 마음까지 담고 있는 것이 「지폐」일 수 있으리라. 이처럼 사랑의 마음을 감지케 하는 것이 「장국밥」에서 시작하여 「지폐」에 이르기까지 민병도의 작품 세계라면, 어찌 이를 '따뜻한 마음의 노래'라 하지 않을 수 있겠는가.

■ 민병도 연보

1953년   경북 청도군 청도읍 원정리 1215에서 아버지 閔元植 씨와 어머니 吳德順 씨 사이에 장남으로 태어남.

1970년   청도의 모계고등학교에 입학하면서부터 시와 소설을 쓰기 시작함.

1972년   독보적인 문학의 길을 찾겠다는 포부로 영남대학교 미술 대학에 입학하여 대학 신문과 『영대문화』에 「鳥署峯 늙은이」를 비롯한 소설을 발표.

1973년   대학 2학년 때부터 전공을 한국화로 정하고 丁芸 이영도 선생님을 만나면서 시조공부를 시작함.

1974년   대학 3학년 때 대학 내 문예반을 조직하고 반장을 맡았으며 『시문학』에서 주최하는 전국 대학생 에세이 모집에서 당선함.

1975년   『현대시학』에서 「낙엽기」로 초회 추천을 받음.
3학년 때 제1회 경상북도 미술대전에서 특선을 하고 4학년 때는 대한민국미술전람회(국전)에서 입선함.

1976년   『한국일보』신춘문예에 시조 「마을」이 당선됨.
영남대학교 미술대학을 졸업(酉山 閔庚甲 선생 사사)하고 〈洛江〉 동인으로 가입하여 1983년까지 활동함.

1977년   법정 벽지학교인 청송군 부동면의 부동중학교 발령을 받음. (1980년 영양 일월중학교에서 사직함)

1978년 『시문학』지에 「기러기」로 추천완료.

1980년 중등학교 교사인 李明淑과 결혼, 딸 珍蕙가 태어남.
교직 생활을 청산하고 안동으로 이사하여 본격적인 畵家의 길로 들어섬.

1981년 영남대학교 대학원을 졸업하고 제8회 경상북도 미술대전에서 동상을 수상함.

1982년 영남대학교 강의를 시작으로 안동대학교 등에서 미술사와 한국화 실기를 지도함.

1983년 아들 志完이 태어남.
경상북도 미술대전에서 금상을 수상하고 수상기념 후원으로 첫 번째 전시회를 가짐.

1984년 노중석, 문무학, 박기섭, 이정환 등과 〈五流同人〉을 결성하고 창간호 『바람도 아득한 밤도』를 펴냄.
이후 1994년 제10집 『산밑에 와서』와 『五流선집』을 펴내기까지 동인으로 활동함.
경상북도 미술대전에서 동상을 수상하고 추천작가로 위촉됨.

1985년 등단 10년을 정리하여 첫 시집 『雪嶽의 버들피리』(흐름사)를 펴냄.

1987년 7년간의 안동생활을 정리하고 대구로 생활터전을 옮김.

1989년 두 번째 시집이자 자유시집인 『숨겨둔 나라』(나남출판사)를 문예진흥기금으로 펴냄.
대구광역시 미술대전의 초대작가.

1991년　세 번째 시집『갈 수 없는 고독』(동학사)를 펴냄.
　　　　제4회 개인전을 대구 송아당화랑에서 가지고 약 한 달 가량의 중국 문화기행에서 전통문화와 대륙문화에 대한 새롭게 접근.
　　　　〈이호우문학기념회〉의 발족과 함께 업무를 총괄하고 시조 전문지『開花』의 편집주간을 겸임함.
　　　　제1회 한국시조작품상을 수상함.

1993년　제5회, 제6회 개인전을 가지고 〈대구현대한국화회〉를 창립, 1~3대 회장을 역임함.

1994년　네 번째 시집『無常의 집』(그루출판사)를 펴냄.

1995년　다섯 번째이자 자유시집인『만신창이의 노래』(박우사)를 펴냄.

1996년　제8회 개인전을 갖고 '문학의 해'와 등단 20년을 정리하기 위하여 시조선집『地上의 하루』(송정출판사)를 펴냄.

1997년　장편시조집『불이(不二)의 노래』(송정출판사)를 펴냄.
　　　　『시문학』등에서 月評을 쓰고 시조동인 〈한결〉을 지도함.
　　　　제15회 丁芸시조문학상을 수상함.

1998년　열 번째 한국화 개인전을 서울과 대구에서 가지고 시화집『梅花 홀로 지다』(송정출판사)를 펴냄.
　　　　제1회 대구시조문학상을 수상함.

1999년　한국미협 대구광역시지회장에 피선됨.
　　　　여덟 번째 시집『섬』(송정출판사)을 펴냄.

2000년   창작의 산실인 〈木言藝苑〉을 개원함.
        중국 돈황기행.
        대한민국 미술대전 심사위원을 역임함.
        제11회 한국화 개인전을 동아미술관초대로 가짐.

2001년   우리시대 현대시조 100인선으로 『청동의 배를 타고』
        (태학사)를 펴내고 제20회 중앙시조대상을 수상함.
        대구 동원화랑에서 제12회 개인전을 가짐.
        새로운 시조문학의 토양을 확보하기 위하여 순간지
        형태의 시조잡지 『시조21』을 창간함.

2002년   열 번째 시집 『슬픔의 상류』(동학사)와
        시조평론집 『형식의 해방공간 그 실험의지』 (목언
        예원)를 발간함.
        민병도 시조낭송 CD를 제작하고 서울 예술의 전당
        에서 13회 개인전을 가짐.

2003년   제1회 월간문학 〈동리상〉을 수상하고 대구시조시인
        협회회장을 맡음.
        대구 대백프라자 갤러리에서 열 네 번째 개인전을
        갖고 화집 『흐르는 강물처럼』을 펴냄.

2004년   열 다섯 번째 개인전을 중국 남경 강소성국화원 초
        대로 개최함. 한국미술협회 부이사장에 피선됨.
        청도시조공원조성 추진위원장.

2005년   문예진흥원의 지원으로 열한 번째 시집 『마음저울』
        (목언예원)과 수필집 『고독에의 초대』를 간행함.
        제16회 개인전을 대백프라자 갤러리에서 가짐.
        청도시조공원을 기획함.

2006년　제26회 가람시조문학상을 수상함.

2007년　제17회 개인전을 대백프라자갤러리에서 가졌으며, 대한민국미술대전에 운영위원으로 참여함. 가람시조문학상 심사위원.

2008년　가람시조문학상 운영위원, 심사위원으로 참여하고, 제12시집 『내 안의 빈집』(목언예원)을 간행하고 제18회 개인전을 가짐. 제45회 한국문학상 수상.

2009년　제23회 금복문화상(문학부분) 수상.
제1회 백수문학제 및 제1회 이호우·이영도 오누이 시조문학제를 기획하고 주관함.

2010년　제13시집 『원효』(목언예원), 제2평론집 『닦을수록 눈부신 3장의 미학』(목언예원) 간행. 제19회 개인전을 서울과 대구에서 가짐.
청도문인협회를 창립하고 회장에 추대됨.

2011년　제14시집 『들풀』(목언예원)을 발간.
한국문인협회 시조분과회장에 당선.
청도소싸랑미술대전, 대구시미술대전 심사위원장.
《시조21》창간 10주년 기념시화전과 민병도갤러리 개관기념전을 가짐.

2012년　제2회 김상옥시조문학상 수상. 이호우·이영도문학기념회 회장에 피선.
모산학술재단 이사. 서울과 대구, 부산에서 20회와 21회째 개인진 개최.

2013년　두 번째 수필집 『꽃은 꽃을 버려서 열매를 얻는다』

| | (목언예원)와 한국대표명시선100 『장국밥』(시인생각) 발간. |
| | 《시조21》을 계간지로 발행. 청도예총회장에 추대됨. |

2014년　　『민병도 화집』 발간 기념으로 대구에서 22번째 개인전을 갖고 〈미술세계 작가상〉 수상 기념전을 서울(미술세계 갤러리)에서 가짐.
　　　　　16번째 시집 『칼의 노래』(목언예원) 발간

현재,　　 이호우·이영도시조문학상 운영위원장.
　　　　　《개화》 발행인.
　　　　　계간 《시조21》 발행인.
　　　　　청도시조공원조성 추진위원장.
　　　　　(사)한국문인협회 시조분과회장.
　　　　　(사)한국예총 청도지회장.
　　　　　도서출판 〈목언예원〉, 민병도갤러리 대표.